物語は人生を救うのか

千野帽子 Chino Boshi

★——ちくまプリマー新書
326

目次 ＊ Contents

第3章　僕たちの人生に必然性はあるのか？……89

扉イラスト　シャルロット井上

はじめに

人間は物語を必要としている？

ウェブで、ＴＶで、新聞や雑誌で、僕たちは毎日のようにニュースに接しています。事件報道や天気予報、経済情報など。

つまりこれは、僕たち人間が日々、ストーリーを摂取しているということを意味していま す。ストーリーとはできごとの報告、あるいは予測です。

だとすると、要するに、僕たち人間が生きていくうえで、ストーリーを摂取する必要があ る、ということなのでしょうか？

たしかに、人間は物語を必要としている、ということが、よく言われます。二〇一一年の東日本の大地震のあとには、とくによく言われました。

その夏、震災のショックがさめやらぬなか、ある雑誌が震災がらみで「物語」特集を組んだときに、僕も寄稿させていただいたことがあります。

できあがった雑誌はとてもクオリティの高いものでした。ただし、その特集は全体的に、震災後の混乱と不安のなかで、生きるよすがとなる物語がいまこそ必要である、という感じの論調だったのを覚えています。

その号のなかで、「物語」のあまりポジティヴでない側面についても書き、物語は取扱注意物件だ、というふうに話を持っていっていたのは、僕と、小説家の保坂和志さんくらいだったのではないか、と記憶しています（ほかに読み落としていたらごめんなさい）。

人間は不可避的にストーリーを合成してしまう

人間は物語を必要としている、というのは、まるで人間が、自分の外にある日光や水や酸素と同じように、物語を外から摂取することが必要であるかのようなイメージですよね。

僕はそれとは違うことを考えています。

人間は生きていると、二酸化炭素を作ってしまいます。そして人間は生きていると、ストーリーを合成してしまいます。人間は物語を聞く・読む以上に、ストーリーを自分で不可避的に合成してしまう。そう思っているのです。

生きていて、なにかを喜んだり楽しんだり、悲しんだり怒ったり、恨んだり羨《うらや》んだりするのは、その「ストーリー」による意味づけのなせるわざです。

「喜んだり楽しんだり」の部分だけを拾って生きることができればいいのですが、なかなかそうはいきません。「苦」とか「生きづらさ」とかを生み出しているのが、ほかでもない「喜んだり楽しんだり」の部分なのですから。

ライフストーリーという言葉があるように、人間は自分の人生をストーリーとしてとらえます。しかもそのとき、できごとを年表や履歴書のようにただたんに時間順に把握するだけでなく、

「あのときあのようなチョイスをしたから、現在の自分があるのだろうか？」

と考えて、自分の現状がこのようである原因・理由を探してみたり、

「自分はなんのために生きているのか？」

といきなり人生の意味・目的への問を立ち上げたりして、苦しんでしまいます。

自分でこういった問を立てておいて、もしもなんらかの安易な答に飛びついたならば、きっと裏切られてしまうでしょう。

また、誠実な人だったら、こういった問に答が出せなくて、きっと余計苦しくなってしまうことでしょう。

答なんて出なくて当然です。だって、

「あのとき、あのチョイスをしたから、現在の自分があるのだろうか?」

「自分はなんのために生きているのか?」

なんていうのは、語の定義の曖昧な「贋《にせ》の問」なのですから。

しかし、ものすごくつらい思いをしている人、苦しい目にあった人にとって、それでもこういった問は切実な問であることに変わりはないのです。


『人はなぜ物語を求めるのか』


一昨年(二〇一七年)の三月に、本書と同じちくまプリマー新書から『人はなぜ物語を求めるのか』という本を出しました。

この本は物語論《ナラトロジー》という学問の人間学的バックボーンについて書いた本です。人間はできごとを勝手に繋《つな》いで、ありもしない因果関係を作っては、そのことで助けられることもあれば、苦しんだりもする生き物だ。自分のストーリーで自分や他人を苦しめないようにするにはどうしたらいいのだろうか。そういうことを書きました。

あなたがいま読んでくださっているこの「はじめに」は、その本の「あとがき」に書いたこととほとんど同じです。本書は、前著『人はなぜ物語を求めるのか』から、そのままダイレクトにつながっているからです。それも、続篇《ぞくへん》というより、たんに字数の都合で前回の本に書けなかったこと——たとえば「虚構《フィクション》」とか「偶然」とかいった話題——について、書いた本です。

前著を読んでいなくても、本書を読んでいただけるように書きました。でも、もし本書がお気に召したら、前著を手にとっていただけるともっと嬉《うれ》しく思います。

第1章

人間は派手なできごとが好き？

1　犬が人を噛むか、人が犬を噛むか

人が犬を噛んだらニュースになる？

犬が人を噛《か》んでもニュースにならないが、人が犬を噛んだらニュースになる、という言葉があります。

これを言ったのは米国のジャーナリストだとか、英国の新聞王だとか言われていて、果たしてだれなのかは諸説あります。

書かれて残っている初期の例は、米国の小説家ジェシー・L・ウィリアムズの『盗まれたストーリー』（一八九九）所収の「老記者」のなかで、若い記者たちの知恵袋兼メンター的存在であるビリー・ウッズという人物がこのように言った部分だそうです。

〈「犬が人を噛む」——これはストーリーだ。「人が犬を噛む」——こっちはいいストーリーだ〉（拙訳）

これは、〈いいストーリー〉はニュースになる、つまり人の注意を惹《ひ》き、耳目を集める、

ということを言っています。

それにしても、人が犬を噛むと〈いいストーリー〉になるというのはどういうことでしょうか？

犬が人を噛むストーリーよりも人が犬を噛むストーリーのほうが語る価値がある、と人はなぜ思うのでしょうか？

外的要点──なぜ「その」ストーリーを語るのか？

米国の計算機科学者ロバート・ウィレンスキーは、一九八三年の論文「ストーリー文法とストーリー要点」で、ストーリーを語ることを正当化しうる理由や目標を〈外的要点〉と呼びました。〈外的〉というのは、この理由や目標が、話の本文《テクスト》とそれを取り巻く文脈《コンテクスト》の関係から発生する〈要点《ポイント》〉だからですね。

スイス生まれの文学理論家でソフトウェアコンサルタントでもあるマリー＝ロール・ライアンが、この概念を受け継ぎ、いくつか実例を挙げています（必ずしも網羅的な列挙を意図したわけではないようです）。

たとえば人は、相手が知りたがっている話であれば、それを話すことがある。ライアンは明記していませんが、このばあい、話す当人はその話をつまらないと思っていても、相手が知りたがっているなら、その話を語る理由になりますね。

あるいは、歴史小説は作り話であるにもかかわらず、現実の歴史上のある時代、ある地域のことを書きたくて作者がそれを書き、また読者も現実の歴史上のその時代、その地域のことを読みたくてそれを読む、ということがあります。

さらには、なにか教訓を与えるために、特定のストーリーを物語ることがあります。イソップ寓話《ぐうわ》がその典型です。

また、僕が前著『人はなぜ物語を求めるのか』(ちくまプリマー新書)で書いたように、〈芸人が滑稽な話をして聴き手を笑わせたり、小説家がエロ小説で読者を性的に興奮させたり、稲川淳二《じゅんじ》さんが怪談話で聴衆を怖がらせたりするのは、特定の感情的リアクションを起こすことを娯楽コンテンツにした結果〉(三四頁)なのです。

人が犬を噛むストーリーを語る理由

では、人が犬を噛むストーリーを語る理由は、上記のどれでしょうか?

これを怖く書けばホラー小説となり、笑えるように語ればジョークとなりましょう。あるいは、そこになんらかの教訓を無理やり盛りこむことも可能かもしれません。どういう教訓がいいのか、僕にはいますぐには思いつけませんが。

でも、そういう外的要点を持つためには、けっこう話のアレンジがだいじになってしまいますね。

それよりも、素直に考えれば、

「犬が人を嚙むのはよくあることだが、人が犬を嚙むのはあまりないレアなことである」という事情が、人が犬を嚙むストーリーを語る理由である、ということになるでしょう。

ストーリー内で起こるできごとが、社会における〈蓋然性の公準や道徳の公準〉から逸脱すること、これが人が犬を嚙むストーリーの外的要点なのです。

〈この規則に従えば、尋常ならざるできごと、問題を孕《はら》んだできごと、あるいはけしからぬできごとこそ報告価値があるということになる。この型の要点はニュースの本質そのものであり、とくにその強烈な例がタブロイド紙に載るたぐいの話だ〉（ライアン『可能世界・人工知能・物語理論』〔原著一九九一〕拙訳、水声社《叢書 記号学的実践》第二四巻、二五九頁《ページ》。引用者の責任で改訳しました）

起こる確率が低い珍しいできごとや、人の顰蹙《ひんしゅく》を買うできごと、これは日本だとTVのワイドショウや週刊誌の好餌《こうじ》です。

ここで言う報告価値とは、実用的価値とか文学的価値とかいったこととはべつのものです。

僕の考えでは、報告価値を持つ話とは、

「つい自動的に続きを見届けてしまいそうになる話」

のことです。

自動的に続きを見届けてしまいそうになる話は、必ずしも「続きを見届けてしまいたくなる話」とはかぎりません。ではそれはいったい、どういう話なのでしょうか？

2　珍しいできごとと、けしからぬできごと

報告価値とは、通常の意味の「価値」ではない

TVをつけたらワイドショウをやっていて、著名人や有名団体の不祥事をあらゆる角度から追及していたときに、

「みんな（＝番組の制作者）この話題好きなんだなあ。僕は個人的にはこの話、もういいんだけどなあ……」

と頭では考えながら、ついだらだらと見続けてしまったことが、僕には何度もあります。

そんな僕だからこそ言うのですが、報告価値を持つ話には、人間の心の、より精神的な部分による意識的な判断よりも手前の——「下の」とは言いません——部分に働いて、続きを見届けてしまうように働きかける話、つまり、「好きでもないのに、目をそらすことがなんとなく難しい話」までも含んでいる。というより、むしろそちらのほうが、報告価値の本質に近いところに位置しているのではないでしょうか。

プライムタイム、とくに番組改編期に民放各社が二時間とか三時間とか放送する「警察24時」なんて、わりとそういう「報告価値」を持つ分野の番組として感じられているんじゃないかなあ、と思っています。熱心に見る人よりも、見るともなしになんとなくTVをつけっぱなしにしてしまう人のほうが多そうですね。

そういう意味でいうと、reportabilityとかnarratabilityといったタームを「報告価値(性)」と訳したのは、ちょっとわかりづらいチョイスだったのかもしれません。この訳語は僕が選んだのではなくて、僕が物語論を勉強しはじめたころにはもう存在していた訳語なのですが、日本でちっともメジャーにならないタームだし、思い切って訳語を変えるチャンスかもしれません。もうちょっといい訳語はないものでしょうか。

ただしもちろん、報告価値のある話が「心の、より精神的な部分による意識的な判断」で好きである、というケースもたくさんあります。僕はというと、「警察24時」系の番組は、むしろ「心の、より精神的な部分による意識的な判断」で大好きです。「警察」とか「逮捕」とかいったキーワードで検索して、録画してまで観《み》ます。僕にとってはあれ、たいへんに娯楽的価値がある番組なのです。なんなら芸術的価値を感じるとも言える。もちろんこれは個人の感想です。

中居正広さんと〈紀州のドン・ファン〉夫人

元SMAPの中居正広さんが、二〇一八年七月にバラエティ番組『ナカイの窓』（日本テレビ）で話していた話題をご存じでしょうか？　僕は観ていなかったので、あとでウェブ上のニュースで知りました。

当時、ワイドショウや週刊誌などを席捲《せっけん》したもののひとつに、和歌山県の実業家・野崎幸助さんの死を不審視する一連の話題があります。野崎さんはいわゆる「裸一貫から」「一代で」「巨万の富を築き上げた」タイプの富豪で、自伝的な著書『紀州のドン・ファン』（講談社+α文庫）の続篇《ぞくへん》の刊行直後に急性覚醒剤中毒で亡くなり、その死の真相が取り沙汰されていました。

羽田空港で、友人たちとプライベートの旅行で和歌山への便に乗ろうとしていた中居さんは、報道陣のカメラのフラッシュを浴びて、驚いてしまいました。じつはその便は、渦中の野崎夫人が搭乗する便でした。その日の夕方のニュース番組には中居さん自身が映りこむことになりました。

中居さんにとっても、ワイドショウで話題のできごとの渦中の人物というものは、「あ、あの人」と思わせる「有名人」だったんですね。そして、中居さんほどに長期間、見ない日がないくらいＴＶに出ずっぱりできた人にとっても、このようなＴＶへの「出演」はたいへん印象的だったようです。だから報告価値があったということでしょう。

報告価値は意識的判断の問題ではなく、ミームの問題？

このように報告価値とは、現代社会における表立った実用的価値とか娯楽性とか芸術性とは必ずしも連動しない尺度であるということです。むしろ、英国の動物行動学者リチャード・ドーキンスの『利己的な遺伝子』（日高敏隆《ひだかとしたか》他訳、紀伊國屋《きのくにや》書店）やサイエンスライターのスーザン・ブラックモアによる『ミーム・マシーンとしての私』（垂水《たるみ》雄二《ゆうじ》訳、草思社）の言う「ミーム」の都合で決まってくるのではないか。

意伝子《ミーム》とはドーキンスが想定した自己複製子の一種で、意味や表現にかかわる要因と見なされます。

考えてみれば、文化とは脳と脳とがやり取り《コミュニケーション》する情報の集合体です。文化というものをそういうものとしてとらえたとき、ゴシップやデマや都市伝説、流行語、ウェブのコピー＆ペースト、ＳＮＳのリツイート（シェア）、ファッションや風習や思想、デザインの作風やお笑いの芸風などの変化・伝播《でんぱ》・隆盛・衰退の背後に、このミームを想定してみたらどうだろうか、という話です。ただし、ミームの定義は論者によって少しずつ違います。

蓋然性の公準からの逸脱

犬が人を噛むより人が犬を噛む。有名芸能人が事件の渦中の人と同じ飛行機に偶然乗り合わせる。このような、蓋然性の公準から逸脱した話は、物語価値を生みます。

この指摘は、文学理論ではライアン以前にも、ロシア出身のエストニアの記号学者ユーリー・Ｍ・ロトマンが『文学理論と構造主義　テキストへの記号論的アプローチ』（磯谷孝《いそやたかし》訳、勁草《けいそう》書房）で早くに明言していました。発信者・受信者の置かれた文脈を度外視するなら、蓋然性の低いできごとほど物語に取り上げられやすいのです。

「そんなの当たり前だろう」

はい、おっしゃるとおりです。そしてこういう、

「当たり前すぎてだれもとくに言語化＝可視化＝意識しなかったことを、わざわざ言葉にして前景化する」

というのは、文学理論の仕事の出発点なのです。

米国の電気工学者クロード・E・シャノンは「通信の数学的理論」（一九四八）のなかで、情報量を選択肢の数の対数として定義しました。ウォレン・ウィーヴァー（ワレン・ウィーバー）が「通信の数学的理論への最近の貢献」（一九四九）で、以下のようにパラフレーズしています。

〈16個のメッセージがあって、この中から1つを、どれも自由に選ぶことができるとする。このとき、$16=2^4$から$\log_2 16=4$であり、このことからこの状況は4ビットで特徴付けられると言える〉（植松友彦《うえまつともひこ》訳『通信の数学的理論』所収、ちくま学芸文庫、一二六頁）

二の四乗の選択肢（一六種類の可能性）があって、そのうちのひとつが起こったとき、選択肢全体を半分（二分の一、八種類）ずつA群とB群とに分け、起こったできごとが前者に

属するかどうかを、yes or no で問うてみましょう。こんどは属している群をまた半分（全体の四分の一、四種類）ずつに分け……、と問を繰り返すと、yes or no で四回訊《き》けば判明します。

コインを投げて一回オモテが出た、というふつうのできごとであれば、確率は二分の一で、yes or no で一回訊けば判明する報告だから、情報量は一ビット。

確率一、つまりいつも起こるできごとのばあい（たとえば「明日太陽が昇る」）は、$\log 1 = 0$ なので情報量ゼロになる。

ちなみに、拙著『人はなぜ物語を求めるのか』七〇頁で書いたように、太陽が毎日昇る保証はない、だから明日昇る保証もない、ということを、英国の哲学者ヒュームが『人間本性論』（一七三九。木曾《きそ》好能《よしのぶ》他訳、法政大学出版局）で書きましたが、それはそれとして、の話です。

コイントスで二〇回連続してオモテが出た、というレアなできごとであれば、二の二〇乗（1,048,576）もの選択肢がある。確率は$1/2^{20}$で、情報量は二〇ビット。確率（蓋然性、probability）の低いできごとの報告は情報量が多い、と情報理論では考えたのでした。

現象が報告価値を持つかどうかは、人が置かれた状況によって違う

街なかで、芸能人と撮影スタッフがロケをしている場に通りかかったことがある、という人は多いと思います。いまこの文をお読みになっているあなたも、放送された画像にひょっとしたら映りこんでいたことがあるかもしれません。じっさい、街ロケの画面には、たくさんの「一般人」が映りこんでいます。

しかしその事実に興味をそそられる（＝報告価値を感じる）のは、そこに映りこんでしまった当人か、せいぜいその当人を近くで知っている人です。その他の大多数にとっては、芸能人の街ロケに映りこんでしまった一般人は、「そういう体験をしたおおぜいの一般人」のひとりにすぎません。

「中居くんと事件渦中の人が偶然同じ画面に、とか、そんなのどうでもいいよ」

と感じる人も、もちろん多いわけです。しかしそういう人でも、ご自身が中居さんとか事件渦中の人と同じ画面に映りこんでしまうという体験をしてしまったら、少なくとも中居さん当人にとってはあのできごとが報告価値を持ちうるということは実感できるはず。

事件渦中の人を撮った報道画像に中居さんが映りこんでしまったことが、トーク番組で話題として流れる（＝報告価値を感じると見なされる）理由は、違う方面での著名人（僕たち

が、遠くからではあるが、いちおう知っている人）ふたりが偶然同じカメラの前を同時に通過したからです。

中居さんがそれをTVで話題にしたのは、野崎夫人が事件渦中の人として著名だから、というだけでなく、ご自身がべつの意味で著名人であることを自覚してのことでもあります。ただし、TVをあまり観ない生活をしていますと、「〈紀州のドン・ファン〉てだれ？」ということになります。さらには「中居正広ってだれ？」という人もいるでしょう。グローバルに見たら、スティーヴ・ジョブズの名前を知らない人も多いかもしれない。

著名人を撮るカメラに映りこんでしまう、という現象自体は同じなのに、それが報告価値を持つかどうかは、人が置かれた状況によって違うというわけです。

報告価値＝確率の低さ（情報量）＋意味づけ可能性？

じつはこの話は補足を必要とします。

いま、この原稿を書くために、財布のなかの一〇〇円硬貨で、コイントスを二〇回やってみました。図書館なので机上でやると音が迷惑だから、床のカーペットの上でやりました。図書館の床にしゃがみこんでコインを転がす僕はなかなかに不審人物でした。結果は以下のとおり。

　裏表裏表裏表表裏表裏裏表裏裏表裏表表

コイントスを二〇回やって、このとおりになる確率は、二〇回やって

　表表表表表表表表表表表表表表表表表表

になる確率と同じ、1,048,576分の1なのです。だから僕の報告にも二〇ビットの情報量がある。

でも、僕は、

　表表表表表表表表表表表表表表表表表表

の報告にたいしては「すごい！」と思うけれど、

　裏表裏表裏表表裏表裏裏表裏裏表裏表表

のことはべつになんとも思いませんでした。だから、起こる確率の低さ（＝情報量）だけでは必ずしも物語価値にはならないのです。

最終的に大きな報告価値を得るためには、どうやら受け取る側の「意味づけ可能性」がだいじになってくるらしい——と、ここでは仮に考えておきましょう。オールオモテに比べると〈裏表裏表裏表表裏表裏裏表裏裏表裏表表〉は僕には意味づけしづらいのです。

コイントスの結果の最初のほうを見てください。じつは最初の六回の試行の結果は〈裏表裏表裏表〉となっています。六ビット。こうなる確率は二の六乗（六四）分の一。ですから七回目のトライのときはちょっとドキドキしました。〈裏表裏表裏表〉のパターンにたいしてなら、僕はそこにちょっとした意味を附与することができたわけです。

でも、たとえば音楽の専門家だったらどうでしょうか？　ひょっとしたら、

〈裏表裏表裏表表表表裏表裏裏表裏裏裏表裏表表〉

を見て、

「おお！　これはジョン・レノンのあの曲の冒頭の最初の二〇の音符の黒鍵と白鍵に、それぞれウラとオモテとが対応している！」

などということを発見してしまうかもしれません。

できごとの報告が、情報受信者個人にとって最終的にどれくらい大きな物語価値を持つか。それは、その人がなにを持っているか（体験してきたか）にも左右されるのです。

この議論については、先述の「TV番組の街ロケの画面に偶然映りこんでしまう一般人」の話と同じです。多くの視聴者にとっては「ただ映りこんだだけの女性」が、その人の子どもにとっては大きな意味づけをともなって、

「おかあさん、なにTVにうつってるの（笑）！」
という反応が起こってくるわけです。

道徳規範、その他の規範からの逸脱

ところでライアンは、こういった蓋然性が低いことのほかに、道徳の公準から逸脱したこと、要は「けしからぬ」ことも、報告価値が高いと述べています。

そもそも僕ら人間に道徳感情というものが発生してきた、その起源は、どういった事情があったのでしょうか？　人類の進化の現場を検証することはできませんが、ざっくりした仮説ならあります。

進化の途上、人類がまだ規模の小さな群れで暮らしていたとき、あるメンバーの狩猟採取がうまくいかなかった日に、周りのメンバーに獲物を分けてもらえるような互恵的なシステムができてきて、そしてこれがあったからこそ、寒さや物理的攻撃に弱く足も遅く腕力も弱いホモ・サピエンスの小さな群れそれぞれが、滅ぶことなく、地球上でのその後の繁栄へいたることができたのではないか——という考えかたがあるわけです。

これについては、前著『人はなぜ物語を求めるのか』の第4章で触れたことがあります。

あのとき僕は、つぎのように書きました――

〈たんに親切な人が好かれるというだけのシステムではありません。ずるい人やがめつい人が嫌われ、自分はなにも提供しないのに他人からもらってばかりのフリーライダーが共同体から排除され、不正をおこなったメンバーが罰を受ける、というところまでいって、このシステムが成立します。ここから道徳というものが生まれ、また法という制度もこのシステムにかかわっている、という考えかたがあるようです〉（一四九頁）

さて、道徳はあくまで感情という形で感じられるものです。理屈が先にあるのではありません。理屈はむしろ後づけです。言い換えると、道徳感情に、進化論でいう適応的な根拠（生物種の形や行動パターンが、周囲の環境下で生きていくのに向いたものになっていると判断できる根拠）がたまたまあったとしても、そういった偶発的事情から独立した「絶対的・客観的に正しい、「合理的な」根拠というものは、おそらくありません。

ヒトという生物は、道徳感情に反する事例が発生したら、群れでそれを情報としてシェアする必要を感じるようにできあがってきたのではないでしょうか。

特定の共同体に所属するある個体が、他のメンバーの（あるいは共同体共有の）財物の所有を脅かしたり、共同体内で望ましいとされている家族像から逸脱するような行動をしたりすると、いちはやくそれを察知し、他のメンバーに警告《アラート》し、処遇を早急に決定しようとする。そういうような行動パターンを持った個体が、そうでない個体よりも、たまたま当時のヒトが置かれた環境に適応していたのではないか。

つまり、思いっきり極論しちゃうと、僕らのご先祖は、自分が不利なあつかいを受ける可能性に敏感な（＝心配性で僻《ひが》みっぽい）人たちであったということ。呑気《のんき》な人たちは子孫を残せず滅んじゃったのではないか。

だから僕らのなかの動物的な部分は、心配性で僻みっぽくて、ほっとくと他人の瑕疵《かし》についつい気がついて大騒ぎしたがるのではないか。だから犯罪や著名人の醜聞がワイドショウの題材になるのではないか、と思うのです。

【第1章のまとめ】

・ストーリーの報告価値は、意識的判断の手前にあり、文化的な選好とは必ずしも一致しない。

・蓋然性の低い珍しいできごとの物語は報告価値を持つ。

・道徳規範からの逸脱を含む「けしからぬ話」にも報告価値が宿る。

第2章

それ、ほんとの話？

1　ストーリーには、派手なできごとさえあればいいのか？

受信者が好むと好まざるとにかかわらず、受信者にアピールする型のニュース

前章で見たように、社会における〈蓋然性の公準や道徳の公準〉から逸脱したできごとは、報告価値があると見なされやすいという傾向が見られます。

これでもう三度目の引用となりますが、〈尋常ならざるできごと、問題を孕《はら》んだできごと、あるいはけしからぬできごとこそ報告価値があるということになる〉というわけです（ライアン前掲『可能世界・人工知能・物語理論』二五九頁《ページ》）。

極度にレアな（起こる確率が低い）できごとや、悖徳《はいとく》的な事件、違法な行為、残酷な事件、悲惨な事故や災害――たしかに、こういったできごとは、僕らの耳目を引きつけてしまいます。こういうニュースは受信者にアピールします。

「アピールする」と書くと、受信者がその手のニュースを「好む」と言っているような気がする読者もいることでしょう。でもそうではなく、ここで言っているのは「受信者が好むと好まざるとにかかわらず、受信者にアピールする型のニュース」の話です。

「受信者が好まなくてもアピールするニュース」とは、前章で書いたように、人間の心の、

より精神的な部分による意識的な判断よりも手前の、いわば動物的な部分に働いて、続きを見届けてしまうように働きかける話、「好きでもないのに、目をそらすことがどうにも難しい話」なのです。

個人的な意志あるいは意識とは無関係に、情報として取りこまれやすいできごと

新聞・ネットニュースの社会面、あるいは週刊誌やワイドショウに取り上げられる事案・事件・事故のたぐいに、あまり興味を持たない、という人もいます。そういうニュース報道を積極的に読もう（見に行こう）と思わないタイプを自認する人、けっこういるのではないでしょうか。

しかし、そういうタイプの人たちの頭にも、こういった〈尋常ならざるできごと、問題を孕んだできごと、あるいはけしからぬできごと〉のニュースは、するりとはいりこんでしまう。

だとすると、「そういうの、そんなに興味ないんだけど」という僕たちの自己イメージが間違っているのでしょうか？

半分はno、半分はyesです。社会面や週刊誌を賑わす〈尋常ならざるできごと、問題を

孕んだできごと、あるいはけしからぬできごと〉の報告（物語）は、社会面や週刊誌に興味の薄い人の個人的な意志あるいは意識とは無関係に、情報として取りこまれやすいのかもしれないのです。

「社会面や週刊誌に興味が薄い」と自認する人の頭にも、新聞やＴＶやスマートフォンにおける「珍しい話」情報・「ひどい話」情報の見出しの文字は、他の文字より入りやすいようです。ただ、社会面や週刊誌に興味の薄い人は、そういう情報の見出しだけは認識しても、記事自体を読まない（ネットニュースだったらリンクをわざわざタップ／クリックしない）だけなのでしょう。体内に飼っている野次馬の頭数が少ないか、頭数はそこそこいても、そっちじゃない違う方面の草だったら駆け寄って食べるタイプの野次馬なので、その手の記事を深追いするように当人の体を牽引《けんいん》するには不充分というだけのことだと思います。体内に野次馬を一頭も飼っていない人、というのは、かなり特殊な人ではないでしょうか。

「ひどい話」情報が人を動かすのはどういうときか

前述のとおり、ライアンは「珍しいこと」「けしからぬこと」「ひどい話」などが〈ニュースの本質そのものであり、とくにその強烈な例がタブロイド紙に載るたぐいの話だ〉（前掲書二五九頁〉と書いていました。

ニュースやワイドショウに取り上げられがちな「ひどい話」と同様のものは、歴史記述のなかにも存在しています。

たとえば、暴君として知られるローマ皇帝ネロは、西暦五九年に実母ユリア・アグリッピナを配下の者に殺害させました。

オービニャック師（l'Abbé d'Aubignacなので日本では「ドービニャック神父」とも書かれる）が書いたフランス古典演劇の理論書『演劇作法』（一六五七）の第二章冒頭近くを読むと、ネロ帝は〈母を絞め殺させ、その腹を裂いて、生まれるまでの九か月どこに宿されていたか、その箇所を見た〉のだそうです。ひどい話です（もっともこの逸話は、タキトゥスの『年代記』ティベリウス帝からネロ帝へ』［西暦一一七？］にもスエトニウスの『ローマ皇帝伝』［一二一？］にも見当たりません）。

しかしこのような場面を劇として上演しても、観客は引くだけでおもしろがらないだろう、とオービニャック師は述べています。

〈真実そのものが演劇の題材とならないことは、広く認められている規則である。〔……〕模倣に基づく詩その他の芸術は、真実ではなく、人々の通常の意見と感情に従うとは、シネシウス〔三七二?〜四一四? リビアのギリシア人司教〕の至言である。
ネロが母を絞め殺させ、その腹を裂いて、生まれるまでの九か月どこに宿されていたか、その箇所を見たのは真実である。この蛮行は、犯人には楽しかったにせよ、見るものにはおぞましいのみならず、ありうるはずがないから信じ難い〉(『演劇作法』戸張智雄《とばりともお》訳、中央大学出版部、六〇頁。以下、〔 〕内は引用者の補足)

どうやら、実話として人の耳目を引く「ひどい話」も、もし劇として上演したら、同じようには人の気持ちを引かないだろう、ということらしいのです。オービニャック師によれば、こういうことです。

〈真実なことや可能なことが演劇から排除されるというわけではないが、この性質を備えない状況は除くか変えるかし、舞台で上演されるすべてに真実らしさを刻みつけなければならない〉(六一頁)

フィクションには「ほんとうらしいこと」が必要、という説

オービニャック師の主張には、ふたつのポイントがあります。それは——

(1)「ほんとうのこと」と「ほんとうらしいこと」は違う。

(2)虚構表象《フィクション》は「ほんとうらしいこと」を必要とするが、非虚構表象《ノンフィクション》(「ほんとうのこと」の報告)はそれを必ずしも必要としない。

これは多くの人の共感を得る意見だと思います。僕も体内に、この説にほだされそうな野次馬を飼っている自覚があります。でも、**正しい説とは、多くの人の共感を得る意見のことでもなければ、僕の共感を得る意見のことでもない**のです。僕はオービニャック師の意見に共感する気持ちも少なからずありながら、でもこれが絶対ではないと思ってもいる。

僕はいま、少し先を急ぎすぎたようです。僕の個人的な意見はあとにしておいて、オービニャック師の主張に戻りましょう。

「実話」になにを期待し、「フィクション」になにを期待するか

前述の説をものするにあたって、オービニャック師がはっきり踏まえている古典があります。紀元前四世紀の科学者であり哲学者でもあるアリストテレスの『詩学』第九章の冒頭部分です。

〈詩人(作者)の仕事は、すでに起こったことを語ることではなく、起こりうることを、すなわち、ありそうな仕方で、あるいは必然的な仕方で起こる可能性のあることを、語ること

である〉

〈歴史家はすでに起こったことを語り、詩人は起こる可能性のあることを語る〉

（松本仁助＋岡道男訳、『アリストテレース詩学 ホラーティウス詩論』所収、岩波文庫、四三頁）

ここで〈詩人〉と呼ばれているのは、叙情詩や俳句の作者ではなく、叙事詩および悲劇・喜劇の作者です。叙事詩にも演劇にもストーリーがありますし、叙事詩が脚韻のある詩形式で書かれているのはもちろんのこと、ギリシア悲劇・ギリシア喜劇は——というより、西洋では一九世紀前半まで戯曲は一般に——脚韻のある詩形式で書かれていました。

アリストテレスの『詩学』は、本書が棹《さお》さしている物語論という学問の、現存するもっとも古い文献です。紀元前四世紀に書かれたこの最古の物語論文献のなかで、**「ほんとうのこと」と「人が『ほんとうらしい』と感じること」とはズレている**という洞察が、すでになされている、というわけです。ここでアリストテレスが可能性と呼んでいるものは、論理的な可能性ではなく、経験上・見聞上の蓋然性のことと思われます。

そして『詩学』は、とりわけ一七世紀古典主義フランス演劇論に多大な影響を及ぼしました。一七世紀の人がその約二〇〇〇年前に書かれたアリストテレスの『詩学』をどれくらい正確に読んでいたか、ということには疑問を差し挟む向きもあるようですが。

時をへだてて、約二〇〇〇年後の一七世紀フランス古典主義の時代に、前述の演劇理論書である『演劇作法』のなかで、オービニャック師がネロ帝の母殺しについて〈真実である〉けれども〈ありうるはずがないから信じ難い〉と書いたのも、アリストテレスの洞察を古典主義的にブラッシュアップしたものだと考えられます。

つまり、〈歴史家はすでに起こったことを語り、詩人は起こる可能性のあることを語る〉としたら、どうなるか。〈起こる可能性のあること〉は、起こるでしょう。しかし〈すでに起こったこと〉のなかには、あまりに極端だったり、あまりに珍しかったり、あまりにひどかったりして、〈起こる可能性〉が低そうに見えることがあるのです。そして、すでに述べたように、そういう〈起こる可能性〉が低そうなできごとの報告は、「報告価値」を持つということになります。

ただしそれは、あくまで実話という体裁を取るならば、という条件のもとにである、ということを、オービニャック師は見抜いたのです。

人はフィクションのストーリー展開に「必然性」を求めがち

「ほんとうらしいこと」、つまりオービニャック師の言う〈真実らしさ〉〈le vraisemblable,

la vraisemblance〉は、アリストテレスの言う〈ありそうな仕方で、あるいは必然的な仕方で起こる可能性のあること〉に相当します。

〈ありそうな仕方〉とは「起こる蓋然性（確率）が高い仕方」であり、〈必然的な〉とは「偶然《たまたま》ではない仕方」と考えればいいでしょう。

「その成りゆきは高い頻度で起こることかどうか」とか、「それが必然的に起こるだろうと思わせる条件が揃《そろ》っているかどうか」といったことで、当時の演劇の観客は作り話に納得したり、納得しなかったりしていた、ということです。

フランス古典劇の同時代（一七世紀）の観客と、現代の小説読者やドラマ・アニメ視聴者とでは、時代も文化も違うので、なにを「高頻度」と感じなにを「必然的」と感じるかは、当然違います。それでも、現代のコンテンツの受容者が、たとえその作り話が異世界ファンタジーや時代劇やボーイズラブのような様式性の強いものであっても、その「ストーリーに説得力を感じるツボ」は、基本的にはフランス古典劇の観客とだいたい似たような構造をしているのではないでしょうか。

2　架空の人がピンチに陥っても、笑う気にはならない

古典主義の理想は形を変えて受け継がれる

フランス古典主義の演劇や小説の理念は、〈節度〉〈バランス〉〈調和〉〈秩序〉〈必然性〉（これはアリストテレスのキーワード）〈ほんとうらしさ〉（これはオービニャック師のキーワード）といったキーワードを重視していました。古典主義において、人はフィクション作家にたいして、アリストテレスが言う、

〈詩人（作者）の仕事は、すでに起こったことを語ることではなく、起こりうることを、すなわち、ありそうな仕方で、あるいは必然的な仕方で起こる可能性のあることを、語ることである〉（『詩学』前掲箇所）

という使命を期待し、要求していたというわけです。

「それはフランス古典主義がそういう時代、そういう流行だったからだろう」

と、ついつい考えてしまいます。じっさい、一八世紀末から一九世紀初頭にかけてヨーロッパで流行した「ロマン主義」という文学潮流では、一七世紀的な〈節度〉〈バランス〉〈調和〉〈秩序〉といった概念を蹴散らすような激しい作品が、詩や戯曲や小説の分野で書かれています。

しかし、そんなロマン主義も、程度の差こそあれ、〈必然性〉と〈ほんとうらしさ〉につ

いては、どこかで重視していました。というか、それらを完全にお払い箱にすることはなかった。できなかったのです。

ロマン主義の影響を受けながら、それをはっきりと乗り越えようとした文学者に、米国のエドガー・アラン・ポウがいます。彼の短篇《たんぺん》小説「早まった埋葬」（一八四四）の冒頭で、語り手はつぎのように言っています。

〈小説のテーマのなかには、興趣をそそってやまないものの、真っ当なフィクションとしてはおぞましすぎて適さないものがある。たかが浪漫派〔＝ロマン主義〕作家といえども、読者を怒らせたり嫌われたりしたくなければ、そういうテーマは避けなければならない。過酷でおごそかな現実という裏打ちと支えがあればこそ、そうしたテーマは適切にあつかわれるのだ。

たとえば、ナポレオン軍のベレジーナの河渡りだとか、リスボンの大地震、ロンドンの疫病、聖バーソロミューの大虐殺、あるいはカルカッタで百二十三人もの捕虜が〝黒い穴《ブラックホール》〟に閉じこめられて窒息死したなどの事例を知ると、われわれはごく強烈な「快い痛み」で恍《こう》惚《こつ》となる。

しかしこれらの話のなかで、われわれを興奮させるのは、それが事実であり――現実であり——史実であるという点であろう。これがフィクションとなると、たんに忌まわしいだけだ〉（鴻巣友季子《こうのすゆきこ》訳、鴻巣友季子＋桜庭一樹《さくらばかずき》編『E・A・ポー』、集英社文庫《ポケットマスターピース》第九巻、三五一頁。引用者の責任で改行を加えました）

列挙されたのはどういう事件か

「カルカッタの黒い穴」事件とは、一七六五年にベンガル州の太守が、当時インドを領有していた英国の軍隊に反乱を起こし、多数の捕虜がカルカッタ（コルカタ）の密閉された狭い牢屋《ろうや》に監禁されて、多数がおそらく熱中症と酸素不足で命を落とした悲惨な事件です。

それ以外の例も簡単に振り返りますと、まずナポレオンは一八一二年のロシア戦役で、凄惨なベレジナ渡河作戦において、極寒によって一気に数千の兵を失ったといいます。

一七五五年のリスボン地震はマグニチュード九とも推定され、地震と津波で一説には六万人の死者を出しました。フランスの文学者・思想家ヴォルテールはこの地震に衝撃を受け、翌年に「リスボン震災に寄せる詩」を書きました。この震災は彼が一七五九年に発表した小説『カンディード、あるいは楽天主義』の発想のベースともなり、作中にはリスボンの地震の場面も出てきます。この両篇は斉藤悦則《よしのり》訳『カンディード』（光文社古典新訳文庫）で読むことができます。

一六六五年のロンドンのペスト大流行では、死者はおよそ七万人ともいわれ、のちに『ロビンソン・クルーソー』の作者であるデフォーが『ペスト』(一七二二。日本語訳は平井正穂《まさお》訳の中公文庫など)で公式記録をもとに詳細に物語化しています。

聖バルテルミ(バーソロミュー)の虐殺とは、一五七二年八月二四日(イエスの一二使徒のひとりバルトロマイの祝日)に始まった悲惨な宗教内戦です。カトリック教徒がユグノー(カルヴァン派プロテスタント)をパリで大虐殺し、その影響が地方に波及した結果、ユグノー側の死者は五〇〇〇人とも三万人とも言われます。

極端なできごとを語るだけでは、読者は納得しない

短篇小説「早まった埋葬」は、語り手の身に起こった恐怖体験を語る(そしてつい笑ってしまいそうになるオチのついた)フィクションです。けれど、語り手が冒頭でこれら酸鼻きわまる史実を列挙する部分だけはまるで、フィクションの作者ポウ自身が歴史家を羨望し、ジャーナリストに嫉妬しているかのような口調に読めてしまうのがおもしろい。

フィクションの物語においては、極端なできごとを語るだけでは、読者(受信者)は納得

しない、という傾向があるわけです。

「珍しい実話」としての都市伝説

ここまで「**極端な話／珍しい話／けしからぬ話である**」というタイプの報告価値について考えてきました。そしてここにきて、「**実話である**」という、べつのタイプの報告価値の問題にぶつかったわけです。

本書で参照しているマリー＝ロール・ライアンの『可能世界・人工知能・物語理論』も、読者が住んでいる世界において真実である、ということが、話を物語ることを正当化しうる「外的要点」のひとつである、と述べています。

〈たとえば、女性スキーヤーがパンツを下ろしたまま後ろ向きに斜面を滑り降りていったという都市伝説も、フィクションとして話してしまったら魅力の大半を失ってしまう。

この話に物語価値があるのはそれがおかしいからで、それがおかしいのは女性にとってそれが厄介な状況だからだ。**人が厄介な目に遭っているのを見るのをわれわれは好むものだが、架空の人が厄介な経験をしても笑う気にはならない**のではないだろうか。

（物語価値性の物差しのひとつで測ると、この話が最高の力を持つのは、それがだれか知人

の身に降りかかったときだろう）〉（ライアン前掲書二五九頁。引用者の責任で改行、太字強調を加えました）

だからこそ、僕たちは信じられないような興味深い話を耳にしたとき、そのおもしろさを確認するために、それを話してくれた人に向かって以下のように問いかけるのです——

「それ、ほんとの話？」

と。

3　事実は小説よりも奇なり？

実話とフィクションにたいする、僕らの態度の違い

本書はまず、「極端な話／珍しい話／けしからぬ話である」というタイプの報告価値について考察を進めてきました。そして前節で、「実話である」つまり「虚構ではない」という、べつのタイプの報告価値の問題にぶつかることになりました。

アリストテレスが指摘したように、人は虚構表象《フィクション》のなかのできごとにたいしては、必然性を求めるという傾向があります。必然性の感じられない重要事件がフィクションのなかに出てくると、ついつい「出鱈目《でたらめ》だ」「ご都合主義だ」などと言って、説得力が減じると考えが

ちなのです。
いっぽう、非虚構表象《ノンフイクション》のなかの意外なできごとにたいしては素直に驚き、「事実は小説より奇なり」とはこのことだなあ、などと言ってはそれを受け入れます。〈奇〉イコール「報告価値がある」ということです。

ドン・ファン？　ドン・ファン？

前章で名前を出した野崎幸助さんは著書の題もあって〈紀州のドン・ファン〉と呼ばれています。日本語表記では〈ドン・ファン〉という言いかたが定着しているようですが、スペイン語の名でDon Juan、発音は［donˈχwan］ですから、〈ドン・ファン〉ではなくドン・ファンあるいはドン・フワンのほうが近いので、ここではドン・ファンと表記することにします。
ドン・ファンという伝説的な漁色家は、スペインの劇作家ティルソ・デ・モリーナの戯曲『セビーリャの色事師と石の招客』（一六三〇、佐竹謙一訳、岩波文庫）に登場し、一躍有名になりました。ティルソ・デ・モリーナの名前を知らない人でも、ドン・ファンの名前なら知っています、近代文学では作者の個人性・個性が重視されるので、作者よりも作中人物のほうが有名になるというのはわりと少数派だと思います。作者が不明のむかし話や、作者・監督が有名でも大ヒットした漫画・映画だったら、わりと当たり前の現象なのですけどね。

フランスの小説家ミシェル・トゥルニエは、自伝的エッセイ『精霊の風』（一九七七／増補版一九七九、日本語訳は諸田《もろた》和治《かずはる》訳、国文社《ポリロゴス叢書》）のなかで、こういう例を〈神話〉になったケースと呼んでいます。

近代文学でいうと、セルバンテスのドン・キホーテ、デフォーのロビンソン・クルーソー、ドイルのシャーロック・ホームズなどはこういう神話のケースでしょう。いずれも、作者だってじゅうぶん有名だけど、主人公は作者以上に知名度が高い。ドイルといえば「ホームズの生みの親」ですから、むしろ作者の知名度が、主人公の知名度の七光りに保証されているくらいです。

『セビーリャの色事師と石の招客』の三五年後、フランスの劇作家モリエールによる二次創作『ドン・ジュアンもしくは石像の宴』（一六六五、鈴木力衛《りきえ》訳、岩波文庫）が初演されました。ドン・ジュアンという名前はフランス語読みですね。この作品はフランス古典喜劇の大ヒット作のひとつで、知名度はオリジナルより高く、二次創作のほうが有名になってしまったわけです（ちなみにシェイクスピアの戯曲の多くも「オリジナルより有名になってしまった二次創作」です）。

その後もイタリア語名の『ドン・ジョヴァンニ』（一七八七、モーツァルトのオペラ）やリヒャルト・シュトラウスの交響詩『ドン・ファン』（一八八八）が創られ、いまも音楽好きの人に親しまれています。

ドン・ファンはこのように、演劇や音楽の分野で二次創作の題材になってきた。まさに神話と化したわけですが、このドン・ファンが、「事実は小説よりも奇なり」とも縁があるのです。

「真実は小説よりも奇なり」（バイロン卿）

英国の詩人バイロン卿《きょう》に長篇諷刺詩『ドン・ジュアン』があります。一八二四年の作者の死によって未完のままです。じつは、「事実は小説よりも奇なり」のルーツはここだと言われているのです（諸説あり）。

原文では〈事実は〉ではなく〈真実は〉となっています。単一の真実（truth）というあたりが、抽象のほうへと一歩踏み出している表現だったのが、日本にはいったときに、個別の事実（fact）のほうにすり替わったわけです。日本社会では普遍的原理で考える言説が通りにくいのでしょうか。

〈真実は小説よりも奇なり〉は、その『ドン・ジュアン』第一四歌終盤にある第一〇一聯《れん》の最初の二行に出てきます。ここでは文脈を読みやすくするため、第一〇一聯の最初の四行を小川和夫訳（冨山房《ふざんぼう》、下巻、三七五頁）で引用しましょう。小川さんは原文の一行を二行に訳し分けていますが、引用者の責任でもとどおり一行にまとめさせていただきます。

〈奇妙なことだが、真実だ、真実は常に奇妙であり、
作り事《フィクション》よりも奇妙だから。もしそれが語れるとしたら、
この交換でいかばかり小説〔novels〕は得することだろう！
いかに違って人々はこの世眺めることだろう！〉

〈この交換〉とは、「もし小説のほうが真実よりも奇だったとしたら」ということです。前出のポウ同様、バイロン卿もまた、非虚構表象《ノンフィクション》を羨ましがっている感じがしますね。

「真実は小説よりも奇なり」、マーク・トウェインのヴァージョン

『ハックルベリー・フィンの冒険』で知られる米国の小説家マーク・トウェインにも、〈真実は小説よりも奇なり〉の一ヴァージョンがあります。

彼は一八九三年から九四年にかけて《センチュリー・マガジン》に、探偵小説『まぬけのウィルソン』ならびに同作品の広告「まぬけのウィルソンのカレンダー」を連載しました（いずれも『まぬけのウィルソンとかの異形の双生児』村川武彦訳、彩流社《マーク・トウェインコレクション》第一巻に所収）。

その後トウェインは旅行記『赤道に沿って』（一八九七）の各章の冒頭に、「まぬけのウィルソンの新カレンダー」という文献からの「引用」を載せていますが、調べたかぎりではそういう新作カレンダーは存在せず、どうやら『赤道に沿って』が初出のようです。その第一五章の冒頭の「引用」（あくまで架空の自作からの）は、こうなっています。

〈たしかに、真実は小説〔fiction〕より奇なり、である。だが、それは小説というものが、本当にそんなことがありえるかどうかを無視できないからである。その点、事実は違う、ありえるかどうかなど問題ではない。実際に起こっているのだから〉（飯塚英一訳、上巻、同《コレクション》第一四巻A、一四九頁。訳者は〈事実〉と訳していますが、原文はやはりtruthな

ので、それにしたがって引用者の責任で〈真実〉に修正しました）

ポウとアリストテレスが言ったことが、ここでも確認されています。たしかに納得はする。しかし、僕は考えてしまうのです。ほんとうに事実は小説よりも奇、でしかないのでしょうか？

むしろ、そもそも人は――大多数の人は――、〈奇〉にすぎるものをフィクションに求めていない、というのが正解なのではないでしょうか。

人はフィクションの奇が事実の奇に匹敵してしまうと、そのフィクションをダメなフィクションと認定してしまう傾向があるのではないか、と僕は疑っています。事実並に奇なものを小説と認めない人が多いというだけなのではないか。

小説に奇であってほしくない人は意外に多いものです。というかそれが多数派なのです。

4　フィクションとノンフィクションの違いは？

「虚構と現実」は贋のカップル

フィクションという語をここまでなにげなく使ってきました。僕たち人間は、フィクションを前にしたときと、ノンフィクションを前にしたときとでは、取る態度が違う、つまり、両者にたいして期待していることが違う、ということでした。

本書の議論の文脈で、このことからわかるもっとも大事なことはなにか。

それは三つあります。

まずひとつめ。

(1) 虚構《フィクション》の対義語は現実《リアリティ》ではなく非虚構表象《ノンフィクション》（＝実話とか、日常の報告とか）である。

虚実という言葉があるのでつい「虚構《フィクション》」と「現実」を対で考えてしまう人がいますが、虚構《フィクション》と現実はじつは対概念ではありません。虚構《フィクション》の対義語は現実《リアリティ》ではなく非虚構表象《ノンフィクション》〈実話など〉なのです。目下の文脈では、現実の対義語は表象（representation）です。

僕の家にいる猫は現実の存在です。またあなたが読んでいる〈僕の家にいる猫〉という文字も、紙の書籍であればインクのしみ、電子書籍であればディスプレイ上の図形という意味では現実の存在です。うちの猫を撮った写真や動画も物理的な存在です。

ただし〈僕の家にいる猫〉という文字、猫の写真や動画は、猫それ自体ではありません。それらの文字・画像は僕の家にいる猫をあらわしています。そういうふうに、なにかべつのものをさししめしている言語表現や画像などを、ここではざっくりと、表象という語で言いあらわすことにしましょう。脳内表象というものもありますが、それを出すとここではややこしいのでおいておきます。

こういった表象は視聴覚刺戟《しげき》を生み出す存在としては現実に存在していますが、同時にべつのものをさし示しています。いっぽう、僕の家にいる猫は、べつのなにかをさし示してはいません。

実在しないものを表象することもできます。シャーロック・ホームズは実在しませんが、こうやって言語で表象することができます。

(a)ホームズがその女性、アイリーン・アドラーにたいし、恋に似た気持ちを持っているというわけではない〔アーサー・コナン・ドイル「ボヘミアの醜聞」(一八九一)深町眞理子訳『シャーロック・ホームズの冒険』所収、創元推理文庫《シャーロック・ホームズ全集》、八頁〕。

という文はフィクションです。しかしそれがフィクションなのは、シャーロック・ホームズやアイリーン・アドラーといった架空の対象をさし示す語が含まれているからではありません。

たしかに、シャーロック・ホームズもアイリーン・アドラーも架空の人物です。しかした

ったいま僕が書いた（あなたが読んだ）この

(b)シャーロック・ホームズもアイリーン・アドラーも架空の人物です。

という文は非虚構言説《ノンフィクション》です。

なお、目下の議論は日常的直感の立脚点（僕たちはどういうふうに感じてフィクションという語を使っているのか）を整理するための出発点、あくまでざっくりとした整理です。表象なのか「モノそれ自体」なのか、という問は、言語のときにははっきりしているのですが、これが「アニメーション」「ディズニーキャラの着ぐるみ」などになると、ちょっと複雑な話になりそうです。

歴史小説はフィクションだけど、じゃあそれとよく似た、「現実の事件の再現動画」はどうなんだろう？　とか、みなさんもいろいろ考えてみてください。

フィクションは社会的な約束ごとのうえに成立している

僕たち人間が、フィクションとノンフィクションにたいして期待していることが違う、と

いうことからわかる、ふたつめの重要な事実、それは、

(2)虚構物語《フィクション》と非虚構物語《ノンフィクション》の最大の違いは、作品自体の性質にあるのではなく、作品が発信され受信されるさいの社会的な約束ごと（取り決め）にある。

ということです。

前節までに見てきたように（またのちほど、第5章でも見るように）、僕たち読者・観客は、フィクションにたいする期待とノンフィクションにたいする期待とが違っています。ということは、僕たちはたいていのばあい、いま読んでいる（観《み》ている、聴いている）話が非虚構言説《ノンフィクション》であるか虚構言説《フィクション》であるかを、あらかじめ知って読んでいる（観ている、聴いている）ということを意味します。

フィクションはどのような約定《やくじょう》（取り決め）のうえに成立しているでしょうか？

「これは作り話であって、話の内容は現実世界の個別の事実に該当するものではない」

といったところでしょう。もちろんこれはふつうは、暗黙の取り決めです。

ほとんどのばあい、作品に触れるよりも先にこれをあらかじめ受け入れたうえで読者・観客は小説を読みはじめ、映画を観はじめます。それらのコンテンツは作り話であることを隠さずに流通しているわけです。

「そうはいっても、たとえば文章だったら、小説独特の表現があるのだから、なんの予備知識がなくとも、ちょっと読めばそれが小説（フィクション）かノンフィクションかはすぐにわかるよ」

　という意見もあるでしょう。

　はい、じっさい、他人の心のなかをのぞき見したかのような書きかたや、遠い場所・遠い過去のことをその場に立ち会っていたかのように報告する書きかたは、小説ならではの書きかたですよね。それから、いきなり「彼は」で文章が始まるのだけれど、その男がなにものであるかは、もう少しあとになって読者にはじめて知らされる、というような手法も、小説が発展させてきたものです。だから、なんの予備知識もない文章をいきなり見せられても、こういう表現があるならそれは小説だとわかる、ということはあるはずです。

　では練習問題。以下のふたつの文章は、手もとの本からちょっと抜き出してみたものです。どちらがノンフィクションからの引用で、どちらが小説からの引用でしょうか？

(c)真の哲学と呼びうる思想がみなそうであるように、構造主義とディコンストラクションの内容を知るのは困難である。理解するとなるともっと困難である。完全にマスターするとなるともはやほとんど不可能である。これは驚くべきことではない。

(d)一七七六年八月のある朝、どちらかといえば粗末な身なりの、がっしりした体つきの紳士がロッテルダムの波止場に立っていた。パイプをくゆらせ、旧《ふる》き良き時代をしのばせる鬘《かつら》の上に三角帽を無造作に載せたその紳士は、ドルトレヒトの方角に向かって運河をゆっくりと進んでゆく木造の御座船の列をじっと見つめていた。

一見して(c)は論説文（ノンフィクション）、(d)は歴史小説（フィクション）だ、と直感的に感じられます。

ところが、正解は逆で、(c)がフィクション、(d)がノンフィクションなのです。

(c)はマルカム・ブラドベリが一九八七年に発表した小説『超哲学者マンソンジュ氏』からの一節です（柴田元幸訳、平凡社ライブラリー、一一頁）。ブラドベリという小説家は、大学の創作科でのちのノーベル賞作家カズオ・イシグロを指導した人です。

(c)の文は作中で主人公が読んでいる本の引用ではありません。ちゃんと語り手が発する「地の文」なのです（このあとどんなストーリーが展開するのかは、じっさいに読んで驚いてみてください）。論説文だろうが私信だろうが政治演説だろうが、どんなタイプの文章でも再現してしまうのが小説という表現形式なのです。

そして(d)。これも大学教授が書いたものです。しかもこれは小説ではありません。英国出身の歴史学者・美術史家サイモン・シャーマが一九八九年に上梓した研究書『フランス革命の主役たち　臣民から市民へ』（栩木《とちぎ》泰訳、中央公論社、上巻一六〇頁）の一節なのです。

学者が研究書でこんな小説のような書きかたをするのか、と驚きますが、引用したそのすぐ後に当該人物（フランス王国の国務大臣）の日記が、この場面の根拠として引用されています。

この(c)と(d)の例は、「小説独特の表現がある」というのがあくまでたまたまのことであって、目安にすぎない、ということを教えてくれます。

一八六一年、リンダ・ブレント著『ある奴隷少女に起こった出来事、当人執筆』なる書籍がボストンで刊行されました（日本語訳については巻末の「日本語で読める読書案内」を参照）。一九世紀初頭、奴隷制のあるノースキャロライナに生まれたアフリカ系の少女が、白人医師の家で虐待されたあげく、自由の身分を獲得するためにべつの白人男性の子どもを妊娠しようと試みて……とここまで要約しただけでもかなりすごい話です。

この本は、編者として名を連ねていたリディア・マリア・チャイルドが書いた小説＝フィクションとして読まれたあげく、その後長きにわたって忘れ去られていました。

約一二〇年後、二〇世紀末になって、歴史学者の調査によって、これがハリエット・アン・ジェイコブズというもと奴隷の女性が、多数が生存しているなどの事情で関係者全員を偽名にして書いた自伝＝ノンフィクションであった、ということがわかりました。大真面目《まじめ》に自伝（ただし偽名の）として刊行したにもかかわらず、小説（それも実話に取材したものではなく、完全に創作の）として読まれてしまったようなのです。

この事例は、僕たちは作品が実話かフィクションかという判断を、作品本文の文体やそこに書かれた内容よりも、作品・作者にかんする外的情報で判断しているということを示しています。情報が少ないばあい（たとえばジェイコブズが平和に生きるためには、作者の正体を知られないほうがよかったはずです）には、それが実話かフィクションかを裁定することが事実上困難であるということもあるわけです。

嘘と間違いとフィクションの違い

僕たち人間が、慣習的にフィクションとノンフィクションにたいして抱く期待が違う、ということからわかる、三番めの重要な事実、それは、

(3) 虚構物語《フィクション》と非虚構物語《ノンフィクション》との違いは、現実と照合して決めることはできない。

ということです。

間違いは、発信者がその内容を信じています。発信者は、発話が間違っていると気づく（あるいは指摘される）までは、それが正確だと信じ切っています。

嘘《うそ》は、発信者がその内容を信じておらず、受信者を騙《だま》す意図があります。

なお、嘘をつくためにはある程度正確な知識が必要です。子どものころ、TVで池波正太郎原作のドラマ『鬼平犯科帳』をやっていました。主人公の火付盗賊改方《あらためかた》長官・長谷川平蔵（一七四五―一七九五）を、僕は《必殺シリーズ》の中村主水《もんど》や007ことジェイムズ・ボンドなどと同じく、架空の人物だとばかり思っていました。もし当時の僕がクラスメイトをかつごうと意図して、

「長谷川平蔵ってほんとにいたんだよ」

と言ったとしたら、嘘をつこうと思って、間違ってほんとうのことを言ってしまったことになるでしょう。

このように嘘や間違いや極端な誇張といったものは虚構《フィクション》ではなく、たんに「現実と一致しない非虚構言説《ノンフィクション》」なのです。

さて、フィクションのばあい、発信者がその内容を信じていない点は嘘と同じですが、受信者を騙す意図もありません。だから作り話であることを（通常は本文内ではなくパッケージで）オープンにしています。夏目《なつめ》漱石《そうせき》は自分が猫であるということを読者に信じてほしくて〈吾輩《わがはい》は猫である〉と書いたわけではありません。

フィクションの条件とは、「これは作り話であり、実在の人物・団体との類似があったとしても偶然のものである」ということを作品本体の外でなんらかの形で主張する（たとえば「小説」と銘打って発売される）ことです。

もちろん後述のように、かぎりなく実話そのものを書いたかのような小説もあり、そのばあい、その本文外の主張はあくまでも建前あるいは儀礼的な身振りにすぎないということになります。しかしだいじなのは、コンテンツの内容が現実と違うかどうかということではなく、あくまでもコンテンツが本体の外でその主張をおこなっているかどうか、という点です。「嘘は実話を装って流通するが、フィクションはフィクションとして流通する」というわけです。

嘘をフィクションと呼んでしまう人

一九八〇年代末以降、ゲームやアニメーションなどのいわゆる「オタク文化」を愛する人たちが、「彼らは虚構と現実の区別がつかないのではないか」と危惧され、批判されることが何度もありました。当初は暴力描写・破壊描写が問題にされ、二一世紀にはいってからは、とりわけ男性向けコンテンツにおける女性登場人物の表象が問題にされています。

具体的に言うと、男性向けコンテンツに登場する女性登場人物の表象が、男性（ひいては社会）の現実の女性にたいする身勝手な空想・期待や呪縛として働くのではないか、と危惧する人がいるのです。そういう表現は規制されるべきだ、という意見もあります。

ウェブ上ではこれにたいして、つぎのような反論がされていました——そういうコンテンツを愛好している者こそ虚構（の女性）と現実（の女性）との区別が当たり前についているのであって、そうでない人のほうは、ほかでもない自分のほうが虚構と現実とを区別することに慣れていないからこそ、前記のような頓狂《とんきょう》な杞憂《きゆう》を抱くのだ、と。こういう反論をする人をAさんとしましょう。

この反論にたいしてこんどは、つぎのような再反論が出ました——「自分は現実と虚構の区別がつく」というのは傲慢であって、このようなフェイクニュースが横行する世界では現実と虚構の区別が困難なケースがあると認めるのが知的な態度ではないのか、と。この再反論の人をBさんとしましょう。

Aさんの主張が現実を正しく反映しているのかどうか、それは僕にはわかりません。いっぽう前節をお読みになったかたは、Bさんの反論がどう頓珍漢《とんちんかん》か、もうお気づきだと思います。

人間は現実（の話）と嘘との区別がつかないことならいくらでもありますが、現実（の話）と虚構との区別がつかないことはほぼありません。なぜなら、まず先に「これは現実の話ではなく、作り話である」ということを納得してから読む（観る）ものとして作られているものをこそ、虚構《フィクション》と呼ぶからです。虚構もフェイクニュース（嘘）も作り話ですが、虚構物語の話題をしているときにフェイクニュース（嘘）の話を持ち出すBさんは、肝心のところを踏み外しています（ただの中年であるドン・キホーテが自分を物語のなかの遍歴の騎士だと思いこんだように、虚構内の表象が読者の現実観に影響することはもちろんありますが、それはフェイクニュースとはまったくべつの話です）。

こういうときに譬《たと》え話をするのはよくないかもしれませんが、非虚構表象《ノンフィクション》と虚構表象《フィクション》との関係は以下のようになっていると考えられます（これもマリー＝ロール・ライアンの案をパラフレーズしたものです）。

(1)ほんとうの話（正確なノンフィクション）とは、米国大統領本人がしかるべき権利をもって、正規の身分証を見せてホワイトハウスに入るようなもの。

(2)フェイクニュース（騙しを意図した不正確なノンフィクション）とは、ルパン三世や『ミッション・インポッシブル』のイーサン・ハントが身分証を偽造し、米国大統領に変装してガードを突破し、ホワイトハウスに潜入しようとするようなもの。

(3)虚構《フィクション》とは、芸人が米国大統領のものまねをしているようなもの。

構造上、(2)は(1)のふりをするものなので、(1)と(2)の区別がつかないことはよくあります。いっぽう、(3)は(1)でないことを最初から謳《うた》っているので、(1)と(3)の区別がつかないことはまずありえません。つまり前記のやり取りは、

Aさん「本ものの大統領と大統領のものまねをしている芸人は、ふつうは区別できるものだ」

Bさん「身分証を偽造されたらホワイトハウスのセキュリティだって破られてしまう。だから本ものの大統領とものまね芸人の大統領ネタの区別が困難であることを認めるのが知的な態度だ」

というやり取りになってしまっているのです。

嘘とフィクションをごっちゃにしてしまうと、Bさんのようなことになってしまいます。人間というのはこういう気の毒な「擬似理窟」を運用して、自分でも気づかないうちに論旨をすり替えてしまう痛々しい動物でもあります。

こういうとき人は、「そのお笑い芸人」がもともと嫌いなのかもしれません。嫌いなものがあるとき、人はそれをまず嫌い、ついで「それを嫌っていい理由＝それが「悪い」ものである理由」を後づけで捏造《ねつぞう》してしまいます（こういった心理については『人はなぜ物語を求めるのか』をお読みください）。

フェイクニュースがよろしくないものであることは多くの人の一致する意見です。Bさんはその悪評を利用して、もともと嫌いだったある種のフィクション内表象を「警戒すべきもの」として提示してしまったのだと思います。

言っておきますが、フィクション内表象がいついかなるときでも、だれにとっても無害である、などということはありません。しかし同時に、Bさんのようにはっきり間違った論旨展開でそれにたいする警戒心を煽《あお》るのは、人類の歴史のなかで異端審問所や全体主義的国家がおこなったのと同じ「難癖」「いちゃもん」になってしまいます。

「この文書のここは事実に正確に合致しているが、ここはフィクションだ」

「首相が根拠とした好景気の指標となる数字は操作されたもので、まったくの虚構だった」などという物言いを日常的に目にしますが、ここまでお読みいただいてわかるとおり、それをフィクションとか虚構と呼ぶのは適切ではありません。「間違い」あるいは「嘘」なのですから。

このように、どれも現実の事態とは違うからといって、間違いとか嘘とか言うべきところを虚構《フィクション》という語を使うのは、あまり聡明に見えません。この人、「やまとことばより漢語・西洋語のほうが知的な感じがする」と感じている人なのかな、そんなにやまとことばが嫌いなら「虚構」ではなく「錯誤」「虚偽」と言えばいいのに、漢語に詳しくないくせに背伸びしちゃって、などと思ってしまいます。

フィクション？　ノンフィクション？

マルグリット・デュラスや堀江敏幸といった作家の作品のなかには、身辺を回想したノンフィクションなのか小説なのか容易に判別しがたい散文があります。後述するように「私小説」「記録小説」という分野もあります。

またそもそも、抒情詩《じょじょうし》という分野は、あきらかに作り話として発話しているものもあれば、実話として発話されているものもあり、さらにはそのどちらなのか判明しないものもあります。そもそもそれが「どちらなのか」ということがあまり問題にならない分野だといえます。

こういったさまざまな作例は、フィクションとノンフィクションとの区別への反証となるのでしょうか？

もしそう考えたとしたら、あなたは「個別」と「普遍」とか、「個物」と「概念」とかをごっちゃにしています。性分化疾患やインターセクシャルといった、第一次性徴で性別が判別できないケースが少数ながらあるからといって、「男」「女」という区分に意味がなくなるわけではありません。

「フィクション」「ノンフィクション」というのは、事例（トークン）の話ではなく、カテゴリ（タイプ）の話です。個々の発話事例が両者のいずれかに必ず分類できる、という個別事例の話ではありません。人間は——後述するように、近代人は——このふたつの概念を持っていて、それぞれの概念に当てはまる話の前では（本章で書いたように）期待のしかたが違う、ということです。

そもそも「フィクションともノンフィクションとも分類できない散文物語が存在する」とか「実話と虚構の区別が困難なばあいがある」という発話自体が、「フィクション」と「ノンフィクション」というふたつの概念を使いこなしているからこそできるのです。

先に述べた「男」「女」に見られるように、区分というものが人間の思考に必要であるかどうかと、その区分がこの世界のすべての事例を完全に分類できるかどうかとは、しばしば関係ありません。区分が有益であるために、後者の条件を満たす必要がないこともあります。「すべての事例を完全に分類できない区分は意味がない」などというのであれば、TVドラマのなかの殺人場面の前と、自分宛の請求書の前とで、人間の態度が変わるはずがありません。朝刊に印刷されている新聞小説と、朝刊に印刷されている税制改正の記事とを前にして、取る態度は違うはずです。

なお前段落は、「言葉で表現されたものは言葉であって、指し示されている現実の事態とはべつものなので、すべてフィクションである」という誤った議論にも当てはまります。語とその指示対象とが違うのはごくふつうのことで、「うちの猫」という文字列はうちの猫そのものではありません。

ふだん、個別事例のことばかり考えている人は、概念を概念として考えることにも、また個別事例と普遍概念とを混同せずに区別して考えることにも、慣れていません。本章で述べていることは、虚構言説と非虚構言説とでは疎通《コミュニケーション》の条件が違うということです。そこでは「いつも区別できるとは限らない」という個別事例の話は、最初から織りこみ済みなのです。その「いつも区別できるとは限らない」という意見自体が、両概念の相違（ひいては、「虚構」「非虚構」への期待の違い）を前提としなければ成立しないのですから。

発信者の意図は確証できない

虚構言説と非虚構言説の違いが、本文の内容ではなく発信者の意図にある、と書きました。しかし発信者の意図というものは最終的には確証できません。ということは、ある発話が「正確な非虚構発話」なのか「嘘」なのか「間違い」なのか「虚構」なのかということも、発話者の意図をもとにして確証することは、完全にはできない、ということになります。では、この区別には意味がないのでしょうか？

発信者の意図によらずに、これらの概念をもっと正確に区別できる方法があるはずだ、とお考えの人は、僕としても興味深いので、皮肉ではなく本心からその定義を見てみたいです。納得したら、本節で紹介した定義からそちらに乗り換える必要があるからです。

それとも、こちらが推測する発信者の意図がほんとうに当たっているかどうか知りえない以上、これらの区分自体に意味がないということでしょうか？　そう考えたとしたら、前節と同様に、概念の話を個別事例の話と間違えていることになります。

そもそも、「小説」「ドラマ」と銘打って販売・放送されているコンテンツと違って、人の発言や報道記事のなかには間違い（誤報）や嘘（フェイクニュース）が混じっています。人の発言や報道記事が「ほんとうにほんとうのことである」ということ自体、まったく保証されていません。だから僕たち人間は他人の意図を推測するしかない。そうやって騙されたりすることがあるのが世界というものです。

『ポルトガル文』は小説か？

一六六九年、パリで『仏訳 ポルトガル文《ぶみ》』という冊子が公刊されました。ポルトガルの修道女マリアナ・アルコフォラードが書いた書簡五通から成る書簡集です。

刊行の数年前、ポルトガルに駐在したフランス軍士官と恋仲になったあと捨てられた彼女が、帰国してポルトガルに戻ってこない相手に送った恋と別れの手紙は、きわめて印象深い内容と文章だったために、このいわば「全仏が泣いた」悲しいラヴレターはその後一世紀以上の長きにわたって書簡体小説に強い影響を与えたといいます。

それから三世紀近く経《た》った二〇世紀中盤になって、この手紙はどうやら、原文を入手したと主張していた外交官でジャーナリストのギュラーグ公爵の手になる「作りもの」であるらしいことがわかってきました。「全仏が泣いた感動の実話」ではなかったのです。

そういうわけで現在この『ポルトガル文』はフランス文学史に残る「書簡体小説」の重要な作例としてよく取り上げられます。じっさい、この作品が技法の点で後続の書簡体小説に与えた影響は計り知れません。

しかし厳密に言えばこれは小説（フィクション）ではなく、偽書というノンフィクションの一分野に属しています。フィクションにとってもっとも大事な、「これは作り話ですよ」という流通形態が、『ポルトガル文』には欠けていました。もちろんそうだとしても、『ポルトガル文』の文学としての価値に変わりはないわけですが。

このように、文学作品でも作者の真意というのはわからないもので、三〇〇年のあいだ騙されていたという事例があるくらいです。そしてこのことは、フィクションとノンフィクションというふたつのカテゴリの区分にとって、なんの不利ももたらしません。

先ほど述べた『ある奴隷少女に起こった出来事』とは逆の事例だ、と感じたとしたら、あなたはまだ事態を正確に把握していない証拠です。正確には『ある奴隷少女に起こった出来事』は、

「フィクションかと思ったらノンフィクションだった」

わけですが、『ポルトガル文』は、

「実話（正確なノンフィクション）かと思ったら嘘（騙す意図のある不正確なノンフィクション）だった」

というケースなので、正確に対照なのではありません。

なぜなら、嘘は作り話であることを隠蔽して流通する作り話であるのにたいして、フィクションとはみずからが作り話であることを最初から謳って流通する作り話だからです。だから「フィクションを実話だと思ってしまうこと」は、なかなか起こらないのです。

ただし、次節以降のような意味で「フィクションのなかに実話を見出《みいだ》そうとすること」なら、あると思います。

フィクションとは近代的な約定である

現在、僕たちはフィクションをフィクションとして受容しています。少なくとも、身体の文化的な部分では、そのように自覚しています。しかしそもそも、作り話がみずから作り話であることを謳って流通するというフィクションの伝達状況が、人類初期からずっとあったとは思えません。

神話とか伝説とかいったものは、いかにファンタジー小説に似ていても、当初は特殊で象徴的な「実話」の一種として流通していたと思われます。

作り話が演劇的パフォーマンス抜きで、みずから作り話であることを謳って流通するという伝達形態は、なんらかの条件を満たした社会・文化のもとにようやく成立するようです。残された小説の古典から推測するに、一一二世紀のローマ帝国都市部、唐代都市部、アッバース朝のバグダード、平安京などはその要件を満たしていたと考えられます。政権交代などがあるとその要件は失われます。

現在の僕たちがフィクションをフィクションとして読んでいるのは、ルネサンス以後のヨーロッパの文化条件がグローバル規模に拡大した結果だと言えます。

本章の冒頭で書いたように、「実話であること」それ自体が報告価値を持つのは、動物としての人間が生物レヴェルで「ほんとう」と「嘘」を区別して生きているからです。動物に目というものができて世界を光学的に認知するようになって以来、擬態やフェイントという行動が生まれ、「ほんとう」と「嘘」を区別しようとすることもまた多くの動物にとって必要なことになりました（アンドリュー・パーカー『眼の誕生　カンブリア紀大進化の謎を解く』

渡辺政隆＋今西康子訳、草思社）。

「ほんとう」（正確なノンフィクション）と「嘘・間違い」（不正確なノンフィクション）との区別が人類二五万年の生物的欲求に根ざしているのにたいして、ノンフィクション（正確であれ不正確であれ）とフィクションとの区別は、長く見積もっても二千数百年のあいだ、人間が特定の社会のもとで断続的にやってきた文化的な慣習、約束ごとにすぎません。

フィクションの背後に事実を求める

ですから僕たちは、身体の文化的な部分ではフィクションをフィクションとして受容していながら、その背後に、「そのもととなった現実」を見たくなってしまう人情が根強く残っています。人情と書きましたが、これは前述のとおり動物的な欲求にほかなりません。

たとえば第1章で書いたように、歴史小説は作り話であるにもかかわらず、読者は純粋にストーリーのおもしろさを追求するのではなく、現実の歴史上のその時代、その地域のことを読みたくてそれを読むことが多いのではないでしょうか。

自己の体験を直接題材にして書く「私小説」、現実のできごとを調査・取材して書く「記録小説」（吉村昭の『三陸海岸大津波』）や「ノンフィクションノヴェル」（トルーマン・カポーティの『冷血』、佐木隆三の『復讐するは我にあり』）といった分野があり、その作例には登場人物の名前が全面的に本名のものもあれば、登場人物名を実在のモデルと違う偽名にしただけの「ほとんど実話」も多いようです。

「私小説」や「記録小説」「ノンフィクションノヴェル」は、小説と銘打って販売されていますが、読者の興味の焦点はおそらく、「現実になにがあったのか」にあります。

たとえば先述したデフォーの『ペスト』という作品はいちおう小説というネーミングで流通しています。しかしそれを読む読者は、ポウが「早まった埋葬」の冒頭で述べたように、そこに書かれていることが一六六五年のロンドンのペスト大流行の事実に忠実であるらしいということを念頭に置いているから感動しているのだ、とも言えます。「こんなことが起こったのか……」という感動です。

小説という表現形式は一般にフィクションとされているはずです。そしてフィクションというのは作り話で、「実在の人物・団体との類似は偶然のものである」ということになっています。

けれど、わざわざそう断っておかなければならなかった、という見かたもできます。あくまで、建前なのかもしれません。なにしろ「モデル小説」というものがあるくらいです。フィクションと称しているのに、実話として（ノンフィクション的に）読んでしまうことがある、というわけです。

筒井康隆の掌篇小説「無人警察」やTVドラマ、ドラマ仕立ての企業広告のなかの特定の表現が、特定の属性を持つ人への差別と解釈されて批判されたこともあります。

実在の人物たちをモデルとする「モデル小説」のばあい、しばしばプライヴァシー問題が起こります。柳美里《ゆうみり》の『石に泳ぐ魚』と車谷長吉《くるまたにちょうきつ》の『刑務所の裏』はいずれも作中人物のモデルとなった実在の人物に提訴されていますが、前者はプライヴァシーを侵害された（書かれたくない事実を書かれた）という理由で、後者は逆に事実と異なることを書かれたという正反対の理由で訴えられたのでした。

事実に合致していても、違っていても提訴される。なぜでしょうか？　たとえその文章が小説と銘打っていても、書かれたとおりの事実がそのままの形で現実に存在すると読者に思われてしまうことがあるからです。知られたくない事実を書かれたモデルは、読者にそれを知られることを嫌い、事実と違うことを書かれたモデルは、読者がその記述を事実と信じてしまうことを恐れるのです。

前に書いた喩《たと》えを使うと、お笑い番組は観るけどニュース番組は観ないので米国大統領の姿を見る経験があまりない人が、芸人がやっている米国大統領のものまねなら見ているので、現実の大統領を「そういう人」だと思ってしまうこと、に相当するかもしれません。僕も数年前、僕が観ていないある大ヒットドラマの登場人物のものまね（しかも、「似てない」ことが笑いを生んでいるらしい）を芸人さんがやっているのはよく見たので、僕のなかでのそのドラマは完全に「その人のアレ」になってしまっています。

大江健三郎の「政治少年死す　セヴンティーン第二部」、深沢七郎の「風流夢譚《むたん》」、サルマン・ラシュディの『悪魔の詩』といった小説は、作者や版元や翻訳者が脅迫やテロの対象となりました。いずれの攻撃者も、作品がフィクションであることは承知のうえで、しかしその作品が天皇や神を冒瀆《ぼうとく》したと考えたようです。

これらの加害者を加害者と呼んでいるのは、傍観者である僕たちが組み上げたストーリーのなかの話であって、彼ら自身は主観的には、自分のことを被害者と意味づけるストーリーを生きていたはずです。この件については第6章第2節の最後でふたたび取り上げます。

これらのテロや脅迫事件のこと、とりわけその加害者のことを考えることは、そのまま本節で取り上げたBさんのような、フィクション作品におけるある種の表現行為を道徳的に掣《せい》肘《ちゅう》しようとする人の感情を知るうえでも役に立ちます。

【第2章のまとめ】

・人は実話よりもフィクションのほうに「ほんとうらしさ」を求める。

・人がフィクションに求める「ほんとうらしさ」とは、じつのところ「必然性」と呼ばれるものにすぎない。フィクション内の偶然はときにご都合主義として批判される。

・「事実は小説よりも奇なり」というが、人が小説に「奇」ではないことを要求しているだけの話。

・フィクションと嘘と間違いは違う。ごっちゃにしてしまうのは雑だし危険。

・そこをごっちゃにしてしまう人情は、人間の動物としての不安感にある。

・フィクションの表現を脅かす加害者は、主観的には自分のことを被害者だと思っている。

第3章

僕たちの人生に必然性はあるのか?

1　人は現実にも必然性を要求してしまうことがある

フィクションだけでなく、予測や反実仮想にも必然性が要求される

ほんとうに事実は小説よりも奇、でしかないのでしょうか？　ここまでの議論を振り返ってみましょう。

(1)人は「ひどいできごと」「珍しいできごと」の物語に「報告価値」を感じる傾向がある。
(2)しかし、極端に「けしからぬできごと」「珍しいできごと」を盛りこんでも、それが虚構《フィクション》であるばあいには、そのできごとが起こる必然性を要求する傾向がある。
(3)いっぽう、非虚構《ノンフィクション》の物語のなかに必然性のない「ひどいできごと」「珍しいできごと」があるときには、「事実は小説よりも奇なり」などと言って、驚きをもって素直に受け入れる。

こうやって短く纏《まと》めることの効用というものがあって、それは、「あ、非虚構言説《ノンフィクション》でも、そうでないケースがあったな、そういえば」ということに気づかせてくれることです。

「ノンフィクション」というと一般には、出版物の一分類、文芸の一分野として使われるレッテルです。むかしはルポルタージュなどと言っていました。

けれどこの本では、文字どおりの「非虚構言説《ノンフィクション》」一般をさす言葉として使っています。だから、非虚構言説《ノンフィクション》には、歴史記述や取材を重ねて書いたジャーナリスティックなルポルタージュといった物語だけでなく、

「あ、俺昼飯食ったばっかだから」

「申しわけありません、体調が悪くて本日は休ませていただきます」

「燃えるゴミ回収は火・金曜日」

のような日常の報告・情報提供も入ります。

また、物語は過去のことを物語るだけでなく、天気予報や景気予測や「きょうの晩ごはんはカレーにしよう！」のような未来にかかわる言説も含まれます。ということで、景気予測や道路の渋滞シミュレーションは小説同様に「ほんとうらしさ」「必然性」を要求される分野ですが、小説のような虚構言説《フィクション》ではなく、非虚構言説《ノンフィクション》です。

それだけではなく、事実に反する仮想の帰結においてもそうなのです。英文法で言う過去（完了）形if節に導かれる主節における、仮定法現在・過去で表現される事態ですね。

たとえばヴィッセル神戸とジェフユナイテッド市原・千葉の試合で、千葉には一度大きなチャンスがあったのですが、神戸がぎりぎりのところで守りきって勝った、とします。千葉

のサポーターは、

「あのとき一点決まってたら（if）千葉、盛り返したのに（would）なあ」

とツイートするでしょう。それを読んだ神戸のサポーターは、

「ないない。一〇〇歩譲ってそうなっても（even if）、イニエスタがもう一回思い知らせてたに（would）決まってる」

と言い返すかもしれません。両サポーターは、おたがいに相手の仮想・帰結を「必然性がない」と感じるわけです。

つまり非虚構言説《ノンフィクション》であっても、予測や反実仮想にたいしては、程度の差はあれど虚構言説《フィクション》と同種の「必然性」を、人は要求してしまう傾向があるということです。予測も反実仮想も人間が考え出したシミュレーションなので、そうなってしまう。このように考えてみれば、そもそもフィクションにはある意味でシミュレーションの側面がある、ということに気づきます。

いっぽう、すでに起こってしまった現実のなりゆきについては、そこまでの必然性を求めない。もちろん、うっかり求めてしまうケースもあります。人間の思考のこういうバグについては、拙著『人はなぜ物語を求めるのか』一五五頁《ページ》から始まる「不幸なできごとには必ず

「悪い原因」があるのか？」という項目をお読みください。

必然性と説得力

多くの人は、フィクション・予測・反実仮想のなかのできごとの展開には必然性を求め、過去についての非虚構表象《ノンフィクション》のなかのできごとの展開にたいしては、それほどの必然性を求めない。そう書きました。

とはいえ、後者についても、人は安易に必然性という言葉を用いる傾向がないわけではありません。

《Casa BRUTUS》二〇一七年九月号の特集『椅子選び』を再編集したムック『名作椅子と暮らす。』（マガジンハウス）の九六頁に、こういう文を見つけました。

〈ジャスパー・モリソンのデザインを読み解く鍵は「普通」という概念だ。多くの人は斬新なものや奇抜なものに興味を持つが、そこに本当の価値があるとは限らない。一方、人々が慣れ親しんだ「普通」には、長い歴史の中で磨き抜かれた必然性が存在する〉

椅子のデザインにかんする文章です。一見、〈普通〉のものが人々に慣れ親しまれるのは必然性＝理由がある、と言っているように見えますよね。

でも、〈長い歴史の中で磨き抜かれた必然性〉って、なにか高尚なことを言ってそうで、でもちょっと考えたらなにを言っているのかわからないフレーズなのです。

だって、長らく慣れ親しまれる必然性がその椅子にあるなら、その椅子が歴史に最初に登場したときからあるはずだし、ないなら、最初からないはずです。必然性という無時間的な概念は、べつに〈長い歴史の中で磨き抜かれ〉る必要なんかない。必然性の話をするときに〈長い歴史〉という結果はぜんぜん関係ないはずなのです。

それとも、日本語ではしばしば起こることですが、〈磨き抜かれた〉は〈必然性〉にかかっているのではなく、「そのデザインが（あるいはその「普通」が）長い歴史の中で磨き抜かれたということ自体」を必然性と言っているのでしょうか。だとすると、「ある「普通」のデザインに人々が慣れ親しんで現在にいたっているのは、そのデザインが長い歴史の中で生き残ってきたからだ」、つまり「長く愛されているのは、長く愛されてきたからだ」という同語反復《トートロジー》になってしまう。

椅子のデザインの真実はおそらく、**〈長い歴史の中で〉たまたま生き残ってきたデザインがあったとしたら、人は後づけでそこに生き残った〈必然性〉があることにしちゃう、**というものでしょう。こう正直に書くと、あまりお洒落《しゃれ》に感じられない、むしろカッコ悪い真実です。《Casa BRUTUS》には似合わないかもしれません。

これも日本語ではしばしば起こることですが、おそらくあの文章を書いた人は、この事実をうっすらと感じていて、それをそう（読者にも、そしてなんなら自分にも）バレないように、知らず知らずのうちにカッコよく書いてみた。そのときに間違って必然性という語を（それが無時間的な概念であることを無視して）使ってしまった。あの文章はそういう興味深い自己欺瞞《ぎまん》の一例なのではないでしょうか。

この〈長い歴史の中で〉を含む文は、〈普通〉のものが人々に慣れ親しまれる必然性＝理由というものがあらかじめあるわけではない、という事実を隠蔽することによって、かえって目立たせてしまったに等しい。そのように僕には見えてしまいます。

ちょっと考えたらすぐバレるんですけど、雑誌の囲みのなかで、小さい文字で組まれたら、

「そうか、そうだな」

となんとなく納得しちゃう人も多いのではないでしょうか。

ここから先は、どう考えるのが好きか、という好みの問題になりますが、「必然性はやっぱりある！」と考えるほうが好きな人はきっと、モテる人には理由があるからそれを見つけて真似《まね》しよう、というポジティヴな発想を持つのでしょう。また、人類がここまで地上で繁

栄してきたのは、人類が他の動物よりも優れていたからだ、と考えるかもしれません。なんだか「生存バイアス」という言葉を思い起こさせます。

いっぽう、その椅子のデザインが生き残ったのは、あるいは人間がここまで地上で繁栄したのは、偶然というかめぐり合わせというか、縁とか運とかいったものだ、という考えかただってあるわけです。個人的な好みで言うと、僕はこっち寄りです。

2 できごとの意味づけ・必然性・因果関係と報告価値

偶然 vs. 必然

第1章で僕は、じっさいにコイントスを二〇回やってみました。僕が出した結果は〈裏表裏表表表裏裏表裏裏裏表裏表表〉でした。三三頁で書いたようにこの結果におけるウラとオモテとが、レノンの曲の出だしの二〇の音符の黒鍵と白鍵の順番になっていて、僕がそれに気づいたとしましょう。レノンのソロ曲は「スターティング・オーヴァー」と「ハッピー・クリスマス」の二曲しかカラオケで歌えない僕がそういうことに気づくなんて、それこそ確率が低すぎる想定ですが……。

僕はそれに気づいて、

「すごい偶然だなあ！」

と思うでしょうか？　それとも、

「これは俺のコイントスをとおして、レノンが冥界からメッセージを送ってきたのだ！　レノンごめんよ！　これからは「イマジン」も歌えるように頑張るよ！」

と考えるでしょうか？

このふたつの受けとりかたでは、意味づけの向きが正反対になっています。前者は、

「ものごとが起こるのは確率の問題である」

というスタンス。いっぽう後者は、

「ものごとが起こるのには必然性がある」

というスタンスです。前者を偶然説、後者を必然説（あるいは、ある種の決定論）と呼んでもいいでしょう。

じつは「ものごとが起こるのは確率の問題である」という考えかたを突きつめると、

「すべては神の御心《みこころ》のままに起こる（＋神の御心は人知では測り知れない）」

という世界最強の決定論になってしまいそうなのですが、この問題にはここでは踏みこみません。

偶然と因果関係

英国の哲学者ジョン・スチュアート・ミルは、『論理学体系　論証と帰納』（一八四三）の第三巻第一七章第二節で、つぎのように書いています。

〈いずれの現象も偶然によって生ずるというのは正確ではない。しかし二つ以上の現象が偶然によって連合している、ただ偶然によってのみ相互に依存しまた継起する、と言うことはできる〉（大関将一＋小林篤郎訳、春秋社、第四分冊四二五頁）

〈相互に依存し〉と訳しているところの原文はcoexistです。だからここは、哲学者・九鬼《くき》周造が『偶然性の問題』（一九三五）の第二章第一三節でこの箇所をみずから訳して引用したように、〈同時に存在し〉（岩波文庫、一二三頁）と訳すほうがよいのではないかと思います。

なお九鬼はこのような、〈二つ以上の事象間に目的以外の関係の存在することを積極的に目撃する場合〉を〈目的的積極的偶然〉、〈二つ以上の事象間に因果性以外の関係の存在することを積極的に目撃する場合〉を〈因果的積極的偶然〉と呼んでいます（同前七四、八五、一二二頁）。九鬼による偶然の分類体系はたいへん興味深いのですが、本書でそこに深入りする紙数はありません。

ネルヴァル『オーレリア』の〈私〉

「ものごとが起こるには必然性がある」というふうに考える人の例を、小説のなかから二、三人紹介してみましょう。

フランスの詩人ジェラール・ド・ネルヴァルの最後の作品とされる中篇《へん》小説『オーレリア 夢と人生』（一八五五。後半は遺稿）は、語り手兼主人公の〈私〉が死んだ女（仮名がオーレリア）を心に引きずり続けている話です。

この〈私〉は、あらゆるものを必然性で充塡しようとします。

〈私の考えでは、地上の出来事は目に見えぬ世界の出来事に結びついている〉（田村毅訳、第二次『ネルヴァル全集』第六巻『夢と狂気』所収、筑摩書房、七三頁）

〈すべては互いに交信し合っている〉（九二頁）

〈この宇宙では何一つ無縁のものはなく、何一つ無力なものはない〉（九三頁）

この人は、僕だったら必然性で意味づけしないであろうはずのいろんなことに、必然性を発見してしまいます。

たとえばある日、〈私〉は教会で祈りを捧《ささ》げたついでに銀の指輪を買い、父の家を訪ね、不在だったので花束を置いてゆき、それから植物園の骨格標本室を訪れます。

〈そこに収められている怪獣の姿が、私に大洪水を想像させ、そして外に出ると、庭園に土砂降りの雨が降っていた。私は言った。〔……〕さらにひどいことになる！　ほんとうの洪水が始まるのだ。近隣の通りまで水が上がってきていた〉（八八頁）

自分が大洪水（『創世記』第六章）のことを考えたからゲリラ豪雨が来た。これはほとんど夢の説明ですね。他人の夢のなかに入りこんでその内容を操作するという、クリストファー・ノーラン監督の『インセプション』で、夢を見ている人が尿意を抱いているから夢のなかの世界が豪雨になっている、という説明があったのを思い出します。

『オーレリア』の〈私〉は大雨のなかを走り、洪水を止めようと呪術的な行為に出ます。

〈私はサン＝ヴィクトワール街を走って降り、そして世界全体の大洪水と思い込んだものを止めようとして、サン＝トゥスターシュ教会で買った指輪をそのもっとも深い場所に投げ込んだ。その同じ頃に大雨がおさまり、日の光が射し込みはじめた〉（八八頁）

指輪を投げ入れたまさにそのとき（この〈まさにそのとき〉というフレーズも、のちほど取り上げます）、雨がやんだ。彼にとっては、指輪を投げ入れたからやんだのです。

この〈私〉は、友人にも見放され、やがては精神病院に入れられてしまいます。しかし彼の意味づけは、作中では統合失調症などに見られる関係妄想としてではなく、どちらかというと神秘主義的な「見神」体験として呈示されています。一般に両者は無縁とはかぎらないのかもしれませんが、その詳細は精神医療の専門家に伺いたいところです。

トゥルニエ『魔王』とバラード『太陽の帝国』

この牽強付会《けんきょうふかい》な因果説明の系譜は、フォルカー・シュレンドルフが映画化したミシェル・トゥルニエの長篇小説『魔王』（一九七〇）でも重要な役を果たします。

主人公アベル・ティフォージュは少年時代、第一次世界大戦の不発榴弾《りゅうだん》で遊んでいるときにうっかりボヤを出してしまい、学校の懲罰委員会に呼び出されます。出頭前夜、彼は礼拝堂のなかで炎に取り巻かれる悪夢に魘《うな》され、学校が燃えたら自分も解放されるのになあと考えました。翌朝登校すると、ボイラーから失火して、学校がほんとうに火事でした。

少年はこのように考えます――〈運命を啓示する徴《しるし》に他の連中が信じられないほど盲目である〉。世の人々は〈あの火事とおれの個人的運命を結びつける、明白かつ顕著な関係を知らない〉、と（植田祐次《ゆうじ》訳、みすず書房《lettres》、上巻七九頁）。

彼は懲罰委員会に呼び出されたまさにそのとき（つまり偶然）起こった火事を、偶然ではなく運命の介入、敵に下された天誅《てんちゅう》と考えるのです。

ネルヴァルと違って二〇世紀後半の小説家らしく、トゥルニエはこの怪しげな超必然説を主人公の個人的な人生にとどめず、歴史記述に接続しました。

主人公は後年、パリで自動車修理工となり、一九四〇年、未成年者への猥褻《わいせつ》行為の冤罪《えんざい》で収監されます。まさにそのとき、ナチスドイツ軍がマジノ線を突破してフランス軍と実戦を開始し、兵力増強のため未決囚までもが前線に駆り出されることになるのです。

〈召集兵は戦場に赴く理由を十二分に知っていないようにさえ見える。どうして彼らにそれが分かるだろう。おれ一人、〔……〕このおれだけはそれを知っている〉（一六四頁）

なんとこれでは、第二次世界大戦の開戦は、彼ひとりを救うために起こったできごとだ、ということになってしまいます。

そういえばスピルバーグが映画化したジェイムズ・G・バラードの長篇小説『太陽の帝国』（一九八四）のジェイミー少年も、上海のホテルの一室の窓辺で退屈しのぎに、カブスカウトで覚えた手旗信号をやってみたところ、まさにそのとき水上の日本軍機動艇に乗った将校が砲艦に向けてランプで信号を送り、船首側の旋回砲塔の砲身が爆発します。ジムは、自分が送ったあやふやな手旗信号を日本軍がまじめに取って戦争が始まったのだと自責してしまうのです。

幻想文学の汎決定論における必然性と因果

ネルヴァルの『オーレリア』では、大豪雨に遭遇した主人公が、路面に溢《あふ》れ出す水に指輪を投げ入れたまさにそのとき、たまたま雨がやんだ。

トゥルニエの『魔王』では、主人公が冤罪で拘束されているまさにそのとき、たまたま独仏両軍が実戦に突入し、未決囚だった主人公は解放されて前線に動員された。

バラードの『太陽の帝国』では、主人公が遊びで手旗信号を出したまさにそのとき、たまたま日中両軍が実戦に突入した。

つまり、主人公がある行為をしたり、ある状況に置かれたりしたまさにそのとき、たまたま主人公の環境にかかわるできごとが発生する。それを偶然＝「ただのまさにそのとき（できごとの前後関係）」なんかではなく、自分を原因とする結果だ、必然だ、そこには因果関係がある、と主人公たちは考えるわけです。

ブルガリア出身の文学理論家で批評家のツヴェタン・トドロフは、『幻想文学論序説』（一九七〇）の第七章で、つぎのように述べています。

幻想文学では多くのばあい、〈人間にくらべてはるかに力のある超自然存在が出現する〉。〈一般的にいって、超自然存在は、その場に不在の、なんらかの因果律を補うために出現する〉。〈既知の原因〉で説明がつかない〈どう見ても偶然の仕業《しわざ》としか思えない出来事が起こる〉（三好郁朗《いくお》訳、創元ライブラリ、一六四頁）ばあい、〈仮に偶然というものを容認せず、普遍的因果律というか、あらゆる事象間に必然的関係を措定しようとするのであれば、どうしても、超自然的な力や存在（その時点ではわれわれにとって未知のもの）の干渉を認めるほかなくなる〉。

〈人間の幸運を保証してくれる妖精といった存在は、一般に幸運とか偶然とか呼ばれているものについての、「想像的原因」の具現化にほかなるまい。〔……〕

「運」だの「偶然」だのといった言葉が、幻想世界のこの部分からは締め出されている

〔……〕。これを、普遍化された決定論、あるいは「汎決定論」ということもできよう。

さまざまに異なった因果系の出会い（すなわち「偶然」）まで含めて、文字通りに一切がその原因を有している、たとえ超自然に類するものでしかないにせよ、かならずどこかに原因がみつかるというのである〉（一六五頁。引用者の責任で傍点・改行を加えました）

すべてに原因がある！　これが〈超自然〉のロジックです。ただしそのロジックが、作品

そのものによって最終的に肯定されるかどうかは、ケースバイケースです。『オーレリア』『魔王』『太陽の帝国』のいずれにおいても、主人公が考えている因果関係はあくまで主人公の主張にすぎず、その因果関係が作中世界で真である保証はありません。それどころか、『太陽の帝国』ではすぐにその因果関係は否定され、また『魔王』では、主人公が最後にはその関係妄想のしっぺ返しを受けてしまうのです。

関空閉鎖で、海外に足留めを喰らいました

トドロフの言う〈異なった因果系の出会い（すなわち「偶然」）〉とは、上記の主人公たちの身に起こったことでもありますが、また二〇一八年、本書のもとになったコンテンツを《webちくま》に月二回連載中だった僕の身に起こったことでもあります。

毎度毎度、書く内容は決まっているのに時間がなくて、原稿をぎりぎりに入稿していました。

必然性と因果関係にかんする部分を書いていたこの項は最大のピンチ。海外から、関西国際空港行き現地時間九月四日午後発、日本時間五日着の便で帰国する予定だったのですが、日本時間四日、台風二一号の影響で関空の滑走路が冠水、また強風で流されたタンカーが衝

突して本土との連絡橋を損傷し、関空発着便はすべて欠航となったのです。結局成田経由で帰国し、日本時間九月八日夕方、三日遅れの帰宅となりました。

日本の七月から九月までは台風がとくに多い時期ですから、こういうアクシデント(accident の訳語には「事故」「災害」もありますが「偶然」もあります)が起こる確率は他のシーズンに比べてみれば高いはず。でも、ほかでもない自分の身にそれが起こってしまうと、このアクシデント=偶然を、偶然ではなく必然だと見なしたくなる。つまり、そこに「実存」的に意味づけしたくなるわけです。

足留めを喰《く》らっていたのが、べつに英語もフランス語も通じない政情不安定な国の大都市というわけではなく、日本語がつうじることすらある、しかもパワースポットと見なされているワイキキの浜辺という危機感の似合わない暢気《のんき》な場所だったせいで、この体験を話しても本気で同情されません。

どなたも口先では「それは大変でしたね」と言いながら、すぐに「それは神さまが引き止めてるんですよ」と、冗談とはいえ必然と見なしてくれるのです。

だから、いろんなことを自分に都合よく考えてしまう僕が、出発前夜、夏休みの終わりが近づくのを寂しく思いながらホテルの乾燥機から衣類を出しに行こうとしていたまさにそのとき、帰国便の欠航を知らせるメール（送信時刻はほんの一〇分前）を見て、その瞬間、「これは『もう少し休むがよい』という天の声、神命なのではないか？」と意味づけしたくなってしまったとしても、どうか怒らないでください。

異なった因果系が偶然クロスしてしまう

『オーレリア』の主人公が指輪を投げる行為と、雨がやむという気象の動きとは、ふたつの〈異なった因果系〉に属しています。僕の「夏休み、終わらないでくれ！」という強い念と、台風二一号という気象の動きも、ふたつの〈異なった因果系〉に属しています。

けれど、『オーレリア』の主人公は〈この宇宙では何一つ無縁のものはなく、何一つ無力なものはない〉（ネルヴァル前掲書九三頁）と言って、その両系列を必然の環《わ》で結びつけようとするのです。

この主人公は、傍《はた》から見れば「ちょっとおかしい人」かもしれません。しかし、僕ら人間の思考には、大なり小なり彼と同じ種類のバグが見られるのです。

この問題については、つぎのなぞなぞを参考になさってください。

〈ある国の、ある村には、伝統的な雨乞いの踊りがある。

それをやると一〇〇パーセント雨が降る、と村人は口を揃《そろ》えて言う。
さて、それはいったいどんな踊りか?〉
答がわからないかたは、どうぞ拙著『人はなぜ物語を求めるのか』をお読みください。

3 僕がこうしたら、まさにそのとき、世界がこうなった

小説は自転車レースなのか? そして人生は?

小説を読んで、あるいはTVドラマを観て、筋の展開にたいして「必然性がない」と批判したことがある人は、自分や他人の現実の人生の成り行きにも「必然性」を求めるのでしょうか?

それはまたずいぶんと〈劇的緊張〉(この語は次頁で出てきます)に満ちた人生観、世界観だと思います。

僕たちは自分の人生を、前節で紹介した主人公たちのように、必然で満たそうとしてはいないでしょうか? それは、果たして僕たちを幸福にすることなのでしょうか?

チェコ出身のフランスの小説家ミラン・クンデラに、『不滅』(一九九〇)という僕の大好きな小説があります。その第五部はまさしく「偶然」と題されています。そのなかで、ある

登場人物（それもまた〈クンデラさん〉と呼ばれる小説家なのですが）が、食事中に友人に向かって、つぎのようなことを言います。

〈ぼくが残念に思うのは、これまで書かれた小説はほとんどすべて、あまりにも筋《アクション》の統一の規則に従順すぎるということだ。すべて行動《アクション》と事件の因果的連関だけに基づいているということだ。

そういう小説は狭い街路のようなもので、その道筋に沿って、登場人物たちは鞭《むち》で追いたてられてゆく。

劇的緊張、これはまさしく小説に負わされた呪いだね。なにしろそれがすべてを変えてしまうんだからな。最高に美しい部分だろうと、最高に驚くべき場面や考察だろうと、すべてを最後の大団円に通じる単なる一段階に変えてしまって、その大団円には、前にあるものすべての意味が集中してくるんだからね〉（菅野昭正訳、集英社文庫、四〇一―四〇二頁。引用者の責任で改行を加えました）

小説を読んで、あるいはTVドラマを観て、筋の展開にたいして「必然性がない」と批判したことがあるすべての人は、こういう〈劇的緊張〉に支配された〈筋の一貫性〉を物語コンテンツに求めている、そういうタイプの読者・視聴者だということになります。

結末に向かって精密機械のように進んでいくストーリーは、たとえばソポクレスの『オイディプス王』のようなギリシア古典悲劇、あるいは短篇《たんぺん》の謎解き探偵小説の魅力です（オイディプスの神話については『人はなぜ物語を求めるのか』一八六頁以降で触れました）。三島由紀夫という人は、そういった必然をシミュレーションし、設計図を引いて、機械仕掛けのような精巧な小説や劇を書きました。

そういった必然性の機械仕掛けにはぞくぞくするような魅力があります。けれども、それだけが小説（とくに長篇小説）の魅力なのではありません。『不滅』の作中人物〈クンデラさん〉は、食卓で友人に向かってさらに語ります——。

〈それでは、最後の大団円へ向かう熱狂的な競走でないものは、すべて退屈だと思わなければいけないのかね？

この素晴らしい鴨《かも》の腿《もも》肉を賞味しながら、きみは退屈してるのかい？〔……〕

小説は自転車競走に似たものになるのではなく、たくさんの料理が出てくる饗宴《きょうえん》に似たものにならなければいけない〉（クンデラ前掲書四〇二頁。引用者の責任で改行を加えました）

クンデラさん素晴らしい！（とはいえ、レース中のサイクリストやランナーやジョッキーが途中の風景を心から味わうことがあるという話も、僕は聞いたことがありますけど……）

「まさにそのとき」は魔法の呪文

まさにそのときというフレーズは、ただの同時性を示す言葉です。できごとの必然性を蒸発させ、確率の世界に引き戻す「偶然の召喚魔法」、それが〈まさにそのとき〉なのです。

小説『不滅』のなかで、作者と同名の小説家〈クンデラさん〉は、このように言っていました。

〈あることがZ地点で起ると、他のことが同じようにA、B、C、D、Eの地点で発生する。「そしてまさにそのとき……」というのは、あらゆる小説に見出される呪文のひとつであり、『三銃士』を読むわれわれを魔法にかける言いかただ〉（同三七九頁）

こういう偶然の魅力に満ちた〈まさにそのとき〉が、必然性ばかりで作られた多くの小説からは失われてしまっているのでした。おそらくそれは、

「こんな展開には必然性がないから、ほんとうらしくない」

と批評する読者や編集者の努力のたまものなのかもしれません。

不良浪人チームが町娘に路上セクハラをしかけたまさにそのとき、たまたま通りかかった〈金さん〉と称する遊び人が、

「お待ちなせえ」

と浪人のひとりの利き腕を取り押さえるとか、

「ヤバイ！　転校初日から遅刻遅刻〜！」

とトーストをくわえて走っていたまさにそのとき、たまたま、きょうから通う学校の制服を着た男子生徒と四つ辻《つじ》でぶつかってしまうとか、そういうことって、パロディ的・メタ的な用法以外では、小説の世界では見られなくなってしまったわけです。たとえ存在していたとしても、金さんも衝突した同級生も、コンテンツのなかではしばしば、すぐに必然の赤い糸へと染めあげられてしまうのですが……。

アレクサンドル・デュマ・ペールの武俠《ぶきょう》小説『三銃士』（一八四四）の読みどころは〈まさにそのとき〉という同時性の表現だ、と〈クンデラさん〉が言うので数えてみました。

「何何したそのとき」のたぐいの表現は、〝au moment où...〟に類する表現にかぎっても、『三銃士』には少なくとも五三回出てきます。日本語にすると一〇〇〇頁くらいの小説だから、均すと一九—二〇頁に一回。第六〇章では、ひとつの文で二回使っているところもありました。

人生を必然性で物語化する危険

現代の読者は小説にたいして、ついつい「必然性」ばかりを求めてしまいます。だから『三銃士』や金さんや「遅刻遅刻〜！」のストーリーを〈ご都合主義〉と呼んだりするのです。

そんな読者も、自分の人生や現実の成りゆきについては、そこまでの必然性を求めない——はずなのに、ときには『オーレリア』の主人公のように、またホノルルに足留めされた僕のように、「実存的」なストーリーを組み立ててしまうこともあるのです。

二〇一八年の平昌《ピョンチャン》パラリンピックで、日本のある選手が、国の代表に選ばれたときだったのか、それとも大会で好成績を残したときだったのかは忘れましたが、選手の父親がＴＶニュースの取材にたいして、「努力が報われるということが証明された」と答えていました。

その選手が努力したことは間違いありません。けれど、他の選手がその人に比べて努力が足りなかったことは証明されていません。しかし、苦労のすえのその喜びを、このような「原因—結果」の必然性という形で表明してしまうのは、やはり僕たち人間の思考のバグとしか思えないのです。

他の選手の努力が足りなかったわけではけっしてない。また、その選手がそのつぎの試合で結果を出せなかったとしても、その選手の努力が足りなかったわけではないのです。

僕は〈クンデラさん〉の台詞《せりふ》の、文中の〈小説〉を「人生」に置き換えたくなる誘惑に駆られてしまうのです。

僕たちは自分の人生を物語として把握するときに、必然性という単一のコースをたどるレースにしてしまっていないでしょうか？　途中のすべてを、ゴールへのステップにすぎないものにしてしまっていないでしょうか？

そんなのってもったいない。

僕の人生が、料理がつぎからつぎへとどっさり出てくるパーティみたいなものでありますように！


【第3章のまとめ】

- **人はフィクションだけでなく、予想や反実仮想にも必然性を求める。**
- **歴史のなかで生き残ってきたものがあると、人は運や偶然よりもそこに必然性（淘汰されなかった理由）を後づけしたがる。**
- **できごとの報告は、できごとがたんに蓋然性が低いだけでなく、それを意味づけることが**

できるときに、報告価値が高まる。
・幻想文学における「超自然」は「偶然の排除」の別名である。
・人はうっかりすると、現実世界のなりゆきにも必然性を求めてしまう。

第4章

人生に本筋はあるのか

1 人は話の「本題」「本筋」を自動的に決めている

そもそも、この本の本筋って?

ここまで読んでこられた読者は、こういう疑問をお持ちかもしれません。

「そもそも、この本の本題、本筋って、なんなの?」

はい、書いてきた僕もそれ、不安に思っています。第1章からもう一度ざっと読み直すと、
まず、

「どういう話がウケるか?」

という問から始まり、

「珍しいできごとや、けしからぬできごとが、報告価値を持つ」

と答えたはいいけれど、すぐに、

「そういう派手なできごとがあればいいというわけでもない(とくにフィクションでは)」

と留保し、

「なぜなら人はフィクションには必然性を求めるので、小説が事実と同じくらい奇であることを好まない」

と補足し、

「フィクションに求めるような必然性を現実の人生に求めてしまったら、けっこう「おかしい人」になってしまう」

と逆方面から言ってみて、そして、

「人は必然性のないこと＝偶然を、小説のようなフィクションでは嫌うが、実話では素直に受け取る」

と、虚構・非虚構の違いを、物語の内容ではなく、むしろ読み手の態度に重点を置いて検討してみたのでした。

僕はこの本を書きながら、話題が少しずつズレてきたように思っていたのですが、このようにおさらいしてみたら、むしろなんだか同じところを螺旋《らせん》状にぐるぐる掘ってきたようにも思えます。

「本筋」と「脇道」、「図」と「地」

僕らは日常的に、発話の「本筋」と「脇道」、「幹」と「枝葉」、「図」と「地」を区別しています。だからこそ小説や映画のストーリーを要約するという（ある意味、野蛮で野暮な）

作業が可能なものとなっています。

「幹」と「枝葉」、「図」と「地」を、僕たちはどのように認識しているのでしょうか？

この問はもともと、大戦間にゲシュタルト心理学が人間の知覚について立てた問でした。第二次世界大戦後にハンガリー出身の英国の物理化学者マイケル・ポランニーが、〈暗黙知〉というタームを使って、この問の圏域を人間の知的認識全体へと拡大しました。

本を読みはじめて、最初のほうは読者としての自分をチューニングするのに手間がかかり、しかし四〇頁《ページ》、五〇頁と読んでいくうちに、気がついてみるとすいすい読めるようになっていた、ということはありませんか？

本の冒頭部分を読むときにはもちろん、その本の文章に慣れたり、小説だったら作中設定や登場人物相互の関係を頭に入れたりするために、用心深くなっています。けれどそれだけではありません。

予備知識をほとんど持たずに、本を読み始めることもあります。図書館で「ジャケ借り」した日本の作家の単行本（文庫本ではなく）だと、手がかりになる帯や文庫版解説、訳者あとがきなどがないので、小説のストーリーにおいてなにが「幹」でなにが「枝葉」か、ということがつかめてくるまでに、多少時間が——というか頁数が——かかります。

また、非虚構表象《ノンフィクション》のばあいだと、書名というごく僅かな予備知識から発生した予断が邪魔して（こういうのを「パラテクスト的」な事情と呼びます）、本の本筋が見えにくくなってしまう、ということもあります。そういえば前著『人はなぜ物語を求めるのか』は、題名が内容を正確にあらわしていない、期待はずれだ、という批判を受けました。

発話における「幹」と「枝葉」の区別について、ちょっとおもしろい作例があるので、ご紹介しましょう。

アルフォンス・アレ「テンプル騎士団員たち」

フランスの文士アルフォンス・アレの掌篇《しょうへん》小説「テンプル騎士団員たち」（一八八七）は、小説（とくに短篇）のルーツのひとつが話芸・演芸にあるということを認識させる作品です。

題名になっているテンプル騎士団は、一二世紀から一四世紀にかけて実在した、修道会でありながら武装集団でもあるという、なんだか戦国時代の僧兵のような存在です。中世においては、異端の秘密結社と見なされ、危険視されていました。

アレの掌篇小説「テンプル騎士団員たち」の語り手は、かつて兵士だったらしく、思い出話の最中に鮮烈に思い出したのでしょうか、同じ隊にいたある伍長のことを話し出します。

〈いったいなんて名前だったかな？　思い出せないが、アルザス丸出しの名前だった。ヴルツとか、シュヴァルツみたいな……。それ、きっとそれだ。シュヴァルツ。まあ名前はいいか。ヌフ゠ブリザック出身、いやヌフ゠ブリザックじゃないが、まあそのあたりの出身だった〉（拙訳）

アルザス（ドイツ式に言えばエルザス）は、長いあいだ独仏両国のあいだで争奪戦が展開されていたので、地名も苗字《みようじ》もドイツ系が多いですね。ヌフ゠ブリザックは現在のドイツとの国境そばにあって、ドイツ名はノイブライザッハ。

語り手はこのあと、アルジェリア北西部オランの守備隊にいたころの話を始めます。ある日曜日、ヴルツ改めシュヴァルツと〈私〉を含む一同は貸しボートで海に出た。洋上で昼食を取っていると、気づかぬうちに風に流されていた。

〈「なんてことだ」とシュヴァルツは言った。「かくなる上は……」じつは違うんだ。奴《やつ》の名前はシュヴァルツじゃなかった。もっと長くて、シュヴァルツバッハとかそういう名前だった。以後シュヴァルツバッハってことで！〉

引き返そうとした一同は嵐に巻きこまれ、闇夜にどこかの陸地に逢着《ほうちゃく》する。

〈ここはどこなのだろう？

シュヴァルツバッハは、というかシュヴァルツバッヒャーだな、いま思い出した、シュヴァルツバッヒャーだ。で、このシュヴァルツバッヒャーは地理を熟知していた（アルザス人というのは物知りだ）。それで奴は私に言った。

「ロドス島に着いたぞ、おい」〉

真っ暗闇のなか、遠くに見える光を目指して進むと、それは石造の城のゴシック式の塔から漏れる光だった。塔は礼拝堂らしく、厳粛な男声の歌が聞こえてくる。

一同は入口を探し当て、なかに忍びこむ。探索していると大広間に出た。礼拝堂に接しているようだ。

〈「わかったぞ、どうやらここは」とシュヴァルツバッヒャーは言った、いや思い出した、シュヴァルツバッヒャーマンだ。「ここはテンプル騎士団員の巣窟だ」〉

すると扉が開き、一同は光に照らされる。何百人もの武装した屈強の男たちが跪《ひざまず》いている。彼らはいっせいに武器を取り、こちらに突進してきた。

〈こんなところは厭《いや》だ、と思った。

シュヴァルツバッヒャーマンはというと、すっかり落ち着き払って腕まくりをし、防御体勢を取り、大音声で名乗りを上げたではないか。

「ややや あ！　望むところよ！　テンプル騎士団の諸君が十万ありとても……我こそはデュランなり……！」

ああ！　やっと思い出した、奴の名前はデュランだ。オーベルヴィリエの仕立屋の息子だ。デュランだ、そうだよ、それだった……。

あんのデュランの野郎！　なんて奴だ！〉

これで終わりです。

脇道に見えたのが本筋だった

え？

と思いますよね。

途中で終わってるの？

このあと、戦いはどうなったの？

読者は、語り手とそのアルザス人のヴルッツ改めシュヴァルツ改めシュヴァルツバッハ改めシュヴァルツバッヒャー改めシュヴァルツバッヒャーマンとが、ある日の冒険の果てにどうなったか、ということが話の「幹」「本筋」だと思っています。

掌篇の題名が「テンプル騎士団員たち」なので、余計にそう思ってしまう。まさに「パラテクスト的」な予断ですね。

そのなかで、語り手が何度か、相棒だった伍長の名前を思い出そうとします。その名前は修正のたびにいかにもドイツの名前らしくどんどん長くなっていきます。この部分は常識で考えれば「脇道」ということになる……はずでした。

しかし最後まで読んでみると、語り手の意図（＝発話の本筋）は、かつて隊でいっしょだったある人物の名前を思い出すことにあった。語り手がその人物とともにした冒険の思い出は、じつはその本筋に附随して出てきた「脇道」にすぎなかった、ということが判明するのです。

あの日の冒険も、またテンプル騎士団員たちとの遭遇も、「本筋」と思えたものはすべてその名前を思い出すために口にした「脇道」で、もしすぐに正確に名前を思い出していたら、べつに話す必要もなかったことだったわけです。だから、続きを語らない。

たとえば、僕らが俳優マーク・ストロングの名前を思い出せないとき、

「えーと、ディカプリオが出てたリドリー・スコットの『ワールド・オブ・ライズ』でヨル

ダン総合情報部のチーフやってた……ガイ・リッチーの『シャーロック・ホームズ』でブラックウッド卿《きょう》だった人……なんて名前だっけ……あと『キングスマン』のマーリン……」というようなことをやりますが、この掌篇小説全体で、語り手は純粋にそれだけをやっているというわけです。

それどころか、当該人物の姓はアルザス臭のまったくないデュランなどという、フランスで人数だとトップ10に入る、フランス丸出しの平々凡々たる名前（日本だったら「中村」的な）で、出身地もパリのすぐ北のオーベルヴィリエだったというオチ。

なんというか、R－1ぐらんぷりのネタのような作品です。

さて、僕たちの人生の「本筋」はどれ？

こういうのを読むと、僕らが人の話を聞きながら、あるいは小説を読みながら、ほとんどそれと自覚せずに「本筋」を精妙に取り出しているのも、たまたまうまくいっていただけで、いつなんどきその予測がはずれるか知れたものではない、と感じます。

小説や人のお話ならともかく、僕たちはどうかすると、自分の人生というかライフストーリーの「本筋」というものを、同じように勝手に決めてしまっているのではないか、と思うことがあります。

そうすると、いまの自分がやっていることは、自分の人生における「本筋」ではない、と考えてしまうことにもなりそうです。

しかし、自分の人生に「本筋」と「脇道」の違いは、果たして存在するのでしょうか？

2　さて、この本の要点は？　あなたの人生の教訓は？

人生に「要点」とか「教訓」はあるのか？

人生について俯《ふ》瞰《かん》するとき、僕たちはそれを「ライフストーリー」というストーリーの形式でとらえてしまいます。

そうすると、人生が「目的」や「動機」を備えた「筋」のある単線的な構造にとらえられて、シンプルで見通しがよくなるからです。

しかし、人生をそういう「ストーリー」に還元してしまうと、そこからこぼれ落ちるものもたくさんあります。

あなたの人生をそういう「ストーリー」の形にしてしまうとき、あなたは記憶から、特定の要素を選択しているのです。ということは、それ以外の要素を捨ててしまっている、ということでもあります。

前章で書いたように、人生を、単一のコースをたどるレースに還元し、途中のいろんなこと——あの日見た空の青や、あの人と食べた鴨《かも》肉の食感、一歳のわが子とハグしあったときに感じたわが子の「力」や「重さ」、けさの鳥の声、夏の草いきれ、——それらすべてを、ゴールへのステップにすぎないものにしてしまっていないでしょうか？

木漏れ日、冬の夕焼け、夏の波音。あるいは橋、白樺《しらかば》の林、スタジアム前の広場。都市上空をつらぬく高速道路。また鳥居の前を横切る雨上がりのアスファルト。そして夜のガード下にぽつんと一軒だけ営業しているなにかのお店。世界には素敵な光景や音がいくらでもあるのに、僕らはなぜそのことを忘れてしまうのでしょうか？

自分や他人の人生を「ライフストーリー」に還元してしまい、さらにそれを「要約」したり、そこから「教訓」を取り出したりして、

「自分の人生は××な人生だった」

「あの人の人生は××な人生だった」

なんてまとめてしまうとき、僕らはどれだけのものを「なかったこと」にしてしまうのでしょう？

群盲象を撫でる

「要点」や「教訓」を導き出すという作業は、便利で必要不可欠だけれど、上記のような乱暴さも同時に含んでいます。

それはまるで、人生の一部分だけを取り出してきて、「これが自分の人生だ」「これがあの人の人生だ」と言っているようなものです。

「群盲象を撫《な》でる」とか「群盲象を評す」という言葉は、そういう譬《たと》えでしたね。

たとえば小部経典『自説経』第六章第四節で、シッダールタ（仏陀《ぶつだ》）はサーヴァッティー（サンスクリットではシュラーヴァスティー、漢訳は舎衛城）の地で、修行者（比丘《びく》）たちに、つぎのような話をします（正田大観訳『小部経典《クッダカ・ニカーヤ》 ブッダの福音』第一巻、Evolving）。

——かつてこの地の王は、当地の先天的な盲者を全員集めさせ、その人たちに〈象とはどのようなものか、理解させせよ〉と家来に命じた。

象の頭を触った者がおり、耳を触った者がおり、牙を触った者がおり、鼻を触った者がおり、身体を触った者がおり、足を触った者がおり、腿《もも》を触った者がおり、尾を触った者がおり、尾の先端を触った者がいた。

王が彼らに、象とはどういうものだったかと問うと、
象の頭を触った者は「象は瓶《かめ》のようなものです」と答え、
象の耳を触った者は「象は箕《み》（平たいバスケット状の道具。脱穀時に混入物を篩《ふる》い落とすためのもの）」のようなものですと答え、
象の牙を触った者は「象は杭《くい》のようなものです」と答え、
象の鼻を触った者は「象は鋤《すき》のようなものです」と答え、
象の身体を触った者は「象は蔵のようなものです」と答え、
象の足を触った者は「象は柱のようなものです」と答え、
象の腿を触った者は「象は臼のようなものです」と答え、
象の尾を触った者は「象は杵《きね》のようなものです」と答え、
象の尾の先端を触った者は「象は箒《ほうき》のようなものです」と答えた。
彼らは意見の違いが原因でたがいに争いあった――。

話の「要点」とか「教訓」って、どこにあるの？

そういえば新約聖書『マタイによる福音書』『ルカによる福音書』では盲人が盲人を道案

内するという譬え話をイエスがしています。いまだったら障害者への配慮が……などと言われそうな譬え話で、たいていこういう譬え話は当事者に失礼な感じになってしまうのですが、それはともかく、シッダールタはなぜこの「群盲象を撫でる」の話をしたのでしょうか？

当時、シッダールタのほかにもさまざまな思想家がいて、

「世界は永遠不変である」とか、

「世界は転変する」とか、

「世界は有限である」とか、

「世界は無限である」とか、

「心身は一如《いちによ》である」とか、

「心と身体はべつのものである」とか、

その他、複数の相容《あいい》れない形而上学的主張のあいだで論争が起こっていたことが、この譬え話の背景にあります。

シッダールタは譬え話のあとに、このように言いました。

〈或《あ》る沙門《しやもん》や婆羅門たちは、まさに、これら〔の見解〕に執着する。一部分〔だけ〕を見る人たちは、その〔一部分〕に執持して論争する〉〔この引用にかぎり〔 〕内補足は訳者・正田

氏のもの）

これに乗っかる形で、米国の物理学者で哲学的な著作もあるデイヴィッド・ジョーゼフ・ボームは『量子論』（一九五一、日本語訳は高林武彦他訳、みすず書房）で、量子が粒子でもあり波動でもあるということの譬えとしてこの話を紹介しているそうです。

またフレドリック・ブラウンの短篇集『まっ白な嘘《うそ》』（一九五三、日本語訳は中村保男訳、創元推理文庫《フレドリック・ブラウン短編集》第一巻）に収録された「四人の盲人」の冒頭で、ガーニー警部が〈わたし〉に、手がかりというものの難しさを語ると、〈わたし〉はこの譬え話を持ち出します。

四人の盲人が象を撫でて、鼻に触った者は象を蛇のようだと思い、尾に触った者は象を紐のようなものと思い、脇腹に触ったものは象を壁のようなものだと思い、脚に触った者は象を樹木のようなものだと思った。捜査員も、事件の全体像を見渡すことは難しいのだ、と。

同じ「群盲象を撫でる」話でも、宗教と理論物理学と警察では、教訓のつけかたはいろいろなのですね。

事件をストーリーにするのが捜査である

〈わたし〉が警部にそんな話をしていると、殺人事件の通報が入ります。

サーカスの宿衛所で支配人の屍体《したい》が発見された。リングで使う空包（音だけが出るようにした弾薬）の銃を自分のこめかみに当てていた。警部は言う。

〈空包だって弾のおくりを発射するんだ。それが飛び出さなくても、人間のこめかみに筒先をくっつけていれば、爆発のショックだけで充分に殺せる〉（四一頁）

自殺だろうか。しかし銃は同じ時刻に続けて三発撃っている。空包を空中に二発撃ってから三発目を自分のこめかみに撃つなんてことがあるだろうか？

遺体の着衣は乱れておらず、蠟《ろう》で固めた口髭《ひげ》も形が崩れていない。天井の高い広い部屋では、椅子が二脚、横倒しになっている。開け放たれた二重扉があり、もういっぽうの出入口には閂《かんぬき》がかかっている。

ついに警部は真相を見抜き、きみが「群盲象を撫でる」の話をしてくれたおかげだ、と〈わたし〉に言います。

しかし〈わたし〉は納得できません。

椅子の横倒しを知った第一の盲人は「格闘があった」と答えるだろう。が、着衣の乱れのなさを知った第二の盲人は「格闘はなかった。だから自殺だ」と答えるだろう。でも、二発の空包発射を知った第三の盲人は「自殺ではない」と答えるだろう。しかし、第四の盲人は「犯人が被害者の手に銃を持たせて自殺を装った」と答えるだろう。けれども、出入口としては、開け放たれた二重扉の一箇所しかなく、人の出入りは確認されていないのだ――。

あまりに状況が矛盾しすぎて、ひとつのストーリーにまとまりません。

すると警部は言います。

〈きみの考えかたの欠陥は、盲人にこだわっていることだな。きみは反対側からこの話を見ている。おれに聞かせた自分の話のポイント〔要点〕を、きみはつかみそこなっているのさ〉

〈あの物語のポイント〔要点〕は、相手が象だったということだ〉（五一頁）

「そういう話じゃないでしょ！」と言えるか

警部の推理は以下のようなものでした。

サーカスの象は、ふだんから動物を虐待している支配人に、開いた二重扉を通って近づいた。支配人は象に向かって空包を撃った。象はひるまずに近づいた。椅子を倒したのは象だろう。

支配人は二発目を撃った。部屋のもういっぽうにある出入口には外から閂がかかっていて、出ることができない。

〈それから——まあ、とにかく、象に殺されるなんて気持ちのいいもんじゃなかろうね。骨がずたずたに折られて、ひょっとしたら鋭い牙の先に内臓をぶちぬかれるかもしれない。三十秒もつか、三分もつか、どちらにしても、最悪の三十秒ないし三分間てわけだ。最後の土壇場で奴はその苦しみから自分を救った。もう象の鼻が体を撫でまわしはじめていたんだろう、もうこれまでと観念して奴は筒先をこめかみにあてがい、引き金をひいた〉

（五二頁）

たしかにそれだと現場状況はすべて辻褄《つじつま》が合います。

でも「群盲象を撫でる」ってそういう話じゃないでしょ警部さん！（笑）

〈わたしは言った、「しかし、それでもあの話のポイント〔要点〕をあなたはまだつかみそこなっていますよ。あの要点は、盲人それぞれが同じ獣の違った部分部分をさわってみて、たがいに矛盾する印象を得たということなんです。当のものが象だったという事実は、ポイント〔要点〕でもなんでもありゃしない。よしてくださいよ」

ガーニーは言った、「それにしたって、やっぱり象だったんだろう」

「べらぼうだ」とわたしは言った、そして二人はビールを飲んだ〉（五三頁）

さて、僕らの人生の「本筋」はどれ？

こういう小説を読むと、僕らが他人の人生、あるいは自分の人生の特定の時期に、「なにが起こったか」を要約して理解したり、そこから教訓を引き出したりすることに、「たったひとつの正解」などあるのだろうか、という疑問が起こってきます。

「きょう、こういうことが起こった」と日記を書くとき、それは可能な複数の解釈のひとつにすぎません。そして、「このことから、こういう知見を得た」と言うときもまた、可能な複数の意味づけのひとつにすぎないのでしょう。こういった話題については、第6章で実例を挙げてふたたび取り上げます。

【第4章のまとめ】

・人は話の「本筋」を見抜き、おおむねそれはハズレではないが、つねに正しいともかぎらない。

・人は話の「教訓」を見抜き、おおむねそれはハズレではないが、つねに正しいともかぎら

ない。

・人生に「本筋」や「教訓」を求めてしまうと、もったいないことになる。

・あるできごとがどういう性質・意味を持つかということを人はしばしば直観的に把握した気になるが、それは可能な複数の解釈・意味づけのひとつにすぎない。

第5章

自分の動機を自分は知らない

1　実話における偶然

自分の行動の動機を、自分は知らない、ということ

拙著『人はなぜ物語を求めるのか』で、渡邊博史《わたなべひろふみ》さんの手記『生ける屍《しかばね》の結末「黒子のバスケ」脅迫事件の全真相』（創出版）を大きく取りあげました。

渡邊さんは、二〇一二年から翌年にかけて、人気漫画家・藤巻忠俊さんの母校や、その漫画『黒子のバスケ』（集英社）関連のイヴェント会場・グッズの製造元や販売小売店に毒物を配置・送付し、大量の声明文・脅迫状を送った事件の被告でした。

僕は彼の手記を読んで心を打たれ、前著でその内容を取りあげました。

彼は冒頭陳述で、自分の犯行動機をいったんは明瞭かつシンプルに説明していました。しかし、差し入れられた高橋和巳医師の著書『消えたい　虐待された人の生き方から知る心の幸せ』（その後ちくま文庫に入りました）などを読み、自分の行動の動機を、自分自身まったく自覚していなかった、と気づくのです。数か月後の最終陳述では、冒頭陳述とはまったく違った動機の説明を試みています。

この、「自分の行動の動機を、自分は知らない」という状況については、次章で、渡邊さ

んとはべつの例を紹介することになると思います。ここではまず、彼が語っているふたつの偶然について、取りあげたいのです。

意外な第一発見者

ひとつは、『人はなぜ物語を求めるのか』の一二四頁《ページ》ですでに紹介したものです。渡邊さんの一連の犯行の最初の一歩は、作者・藤巻さんの母校・上智《じょうち》大学の男子バスケットボール部の練習場所に、藤巻さんを中傷する文書と併せて硫化水素の発生装置を置く、というものでした。男子バスケ部のマネージャーがその装置の第一発見者です。

彼女は偶然にも、TVアニメ版『黒子のバスケ』主演声優の妹さんでした。

彼女は調書で、〈兄が事件の少し前にあったイベントで「妹が大学でバスケ部のマネージャーをしている」としゃべってしまい、それが兄のファンたちの間で話題になっていた〉ため、〈「私に対する嫌がらせだ」と思い恐怖心が湧いた〉という主旨のことを述べています（『生ける屍の結末』一三四頁）。

公判の準備中、調書を読んでこの事実を知り、驚いた渡邊さんは、

〈第一発見者の男子バスケ部のマネージャーの供述は驚くべき内容でした〉

と書き、そのすぐあとに、本書第2章でも大きく取りあげた、あのフレーズを続けています。〈事実は小説よりも奇なりとは、まさにこのことです〉（同一三三頁）。

前著にも書きましたが、もしこれが一七世紀フランスの劇だったら、オービニャック師に、

「いくらなんでも偶然がすごすぎて、納得感がない」

「ヘタな作劇だ」

と言われてしまったかもしれません。

しかし僕たちは『生ける屍の結末』がフィクションではないと知っていますので、

「そんな偶然があるんだ！」

と素直に驚きます（疑い深い人は「嘘《うそ》かもしれない」と思うかもしれませんが、「小説かもしれない」「だとしたらできの悪い小説だ」などと考える人はいません）。

虚構物語《フィクション》のなかでは「嘘臭い」「ありそうにない」「説得力に欠ける」と批難されがちな、蓋然性や道徳の公準からの極端すぎる逸脱も、実話（非虚構言説《ノンフィクション》）のなかでは、素直に受け取られます。だって、どんなに蓋然性が低くても、じっさいに起こってしまったのですから。

そしてもし素直に受け取れないときには、「嘘じゃないか」「なにかの間違いじゃないか」と素直に疑われるのです。

両親を殺害しようと思ったが……

続いて、前著で紹介しなかったもうひとつの偶然を、同じ『生ける屍の結末』のなかから取りあげましょう。

その本のなかで、「冒頭陳述」と「最終陳述」とのあいだに、「生い立ち【裁判所に提出した書証】」と題する、全六四頁におよぶ長いインタヴューが掲載されています。〈被告人質問の準備のために作成し、裁判所に提出した〉（同一七四頁）ものだそうです。

このなかで渡邊さんは、小学校時代からのいじめと、家庭での被虐体験を語っています。

そこに、もうひとつの「偶然」が報告されていました。

高校一年生の三学期、両親は渡邊さんの成績不良に怒り、

〈・一年が終わった春休みからスパルタ式で有名な地元の現役生向け予備校に通わせる

・隠れて買い集めているマンガ類はすべて没収して処分し、改めてマンガ、アニメ、ゲーム類の全面禁止を言い渡す〉（同二〇二頁）

ことに決めました。

それを知った渡邊さんは、その翌日、納戸《なんど》で木刀を見かけます。

〈この木刀は父方の親族が、自分が生まれた時に出産祝いで「これで息子をバシバシ叩《たた》いて厳しくしつけないとダメだぞ」と言って父親にプレゼントしたものです。この木刀を父親は庭の物置に仕舞っていました。つまりいよいよ父親が木刀を使う気になったんだと思いました〉（同二〇三頁）

渡邊さんは〈この両親とは共存不可能だと思って〉、ふたりを殺害する決意を固めます。三月二三日、学校帰りにディスカウントショップで出刃包丁を二本買って、〈1本ずつ両親の胸に突き立てる〉つもりで帰宅しました。

〈殺害予定日は2日後の3月25日。1年の終業式の日で、両親が自分への処置を決行する予定日でもありました〉（同二〇四頁）。

帰宅すると母は留守でした。〈父親が会社で倒れて病院に搬送されたので、お見舞いに行っているとのことでした〉。

そして父は〈意識不明のまま2日後の3月25日に他界しました。脳出血でした〉。

『魔王』と『生ける屍の結末』

第3章で紹介したミシェル・トゥルニエの『魔王』からの挿話を思い出してください。

学校の懲罰委員会に呼び出された主人公の少年が、出頭前夜に学校が燃えてしまう夢（幻覚？　妄想？）を体験し、翌朝登校すると、ほんとうに学校が火事になっていた、というものでした。主人公は、自分の運命（呼び出し）と外的なできごと（火事）との因果関係を信じています。

読者は、この主人公がほんとうにある種の「選ばれし者」であるのか、それともただの偶然に因果関係を勝手に想定して悦に入っているただの「ちょっとおかしい人」なのかと、小説を読んでいるあいだも、読み終わったあとも、ずっとためらい続けることになります。それがある種の幻想文学の読みかたですね。

いっぽう非虚構言説《ノンフィクション》である『生ける屍の結末』では、僕たちは先述の第一発見者のときと同じように、

「そんな偶然があるんだ！」

と素直に驚きます。

この比較から、改めてつぎのことが確認できるでしょう。

(1)「ほんとうのこと」と「ほんとうらしいこと」は違う。

(2)虚構表象《フィクション》は「ほんとうらしいこと」を必要とするが、非虚構表象《ノンフィクション》（実話）はそれを必ずし

も必要としない。

もちろん、ノンフィクションの著者がこういったできごとにどういう意味づけをするかは、さまざまでしょう。

「生い立ち　【裁判所に提出した書証】」の文面のなかには、渡邊さんがこの偶然に驚いたということも書いていないし、逆に「これは運命」、さらには「自分の念力」などという意味づけをしている箇所もありません。

むしろ、その沈黙を保っていることが、「生い立ち　【裁判所に提出した書証】」というインタヴューの与える複雑な感銘を、高めているように思います。

『異邦人』と『生ける屍の結末』

『生ける屍の結末』とカミュの小説『異邦人』（一九四二。窪田啓作訳、新潮文庫）との接点あるいは暗合（偶然の一致）についても、『人はなぜ物語を求めるのか』に書きました。

・前半で犯行を語り、後半で逮捕後のことを語るという構成が同じ。

・後半で、世間の人々の犯行動機の推測（＝ストーリー化）を批判するというメタ物語的な趣向が同じ。

・渡邊さんにヒントを与えた高橋和巳医師のタームが偶然にも〈異邦人〉（高橋医師の用法では、被虐鬱を抱えた虐待サヴァイヴァーをさす）。

・渡辺さん自身が犯行直前の自分を振り返って、〈不条理小説の書き出しの一文のようですが／「今日、自分を喪失した」／とでも表現すべき状態になってしまったのです〉（同二六七頁）と書いている（『異邦人』の書き出しは〈きょう、ママンが死んだ〉〔窪田啓作訳、新潮文庫、六頁〕）。

という四点を前著で挙げたのですが、本書ではその五点目として、

・『異邦人』の語り手兼主人公ムルソーは、母の葬式で涙を流さなかったことを明言し、渡邊さんは父の葬式で涙を流さなかったことを明言している。

という点を加えるべきでしょうか。

渡邊さんはつぎのように書いています。

〈葬式で自分は涙の一滴も出ませんでした。葬式が終わって自室で一人きりになり、押し入れの奥に隠してあった包丁を取り出して見つめました。すると、「この殺意をどこに持っていって始末したらいいんだ」と思えて来て、涙があふれて来ました〉（同二〇四頁）

偶然は、〈人生脚本〉の書き直し要求をつきつけることがある

頭木弘樹《かしらぎひろき》さんは、『絶望読書』（河出文庫）のなかで、カナダ出身の米国の精神科医エリック・バーンが提唱した〈人生脚本〉（life script）という概念を紹介し、つぎのようなことを書いています。

人は〈無意識のうちに、自分の未来の生き方の脚本を書いている〉（三一頁）。その脚本が〈現実によって無理矢理に書き換えさせられることもあります〉（三三頁）。もしそれが〈挫折、失敗、喪失といった絶望的な《転機》であったなら、どうしたらいいのか。

バーンの「交流分析」という理論についてはまったく詳しくないので、僕は〈脚本〉という語を専門用語としてではなく、あくまで比喩的に使いますが、人生脚本《ライフスクリプト》（あるいはライフストーリー）を〈無理矢理に書き換えさせられる〉という体験を、僕も何度かしました。

自分の愚かさ、卑怯《ひきょう》さゆえに重大な選択を誤った結果として、書き換えを余儀なくされたこともあります。またいっぽうで、純粋に外側の現実によって、漠然と思い描いていた未来の可能性を断たれたこともあります。

後者は偶然としか言えないできごとですが、人はそういうときに、そのできごとの原因を自分や他人の行動に求めたり（因果関係による意味づけ）、そうして見つけ出した「犯人」

を責めたりしてしまうのです。

2　わかったときには、「意味のあるストーリー」の形にしている

自分の行動の動機説明が、〈自分の本当の心象風景からズレている〉ことがある

『黒子のバスケ』連続脅迫事件の渡邊博史被告（当時）は、犯行にあたって自分を突き動かしていた動機を、公判の冒頭意見陳述でつぎのように主張しました。

〈自分が「手に入れたくて手に入れられなかったもの」を全て持っている「黒子のバスケ」の作者の藤巻忠俊氏のことを知り、人生があまりにも違い過ぎると愕然《がくぜん》とし、この巨大な相手にせめてもの一太刀を浴びせてやりたいと思ってしまったのです。自分はこの事件の犯罪類型を「人生格差犯罪」と命名していました〉（『生ける屍の結末』一五九頁）

冒頭意見陳述はウェブ上に公開され、大きな反響を呼びました。その反響を印刷したものを弁護士から見せられて、渡邊さんは違和感を抱きます。どれもこれも、自分の実情とズレた論評だったからです。〈どうしてこんなにズレた論評ばかりが並ぶのだろうか？〉（一六〇頁）。

その時期、差し入れの月刊誌で事件が論じられているのを読み、

〈その中の「〔漫画を描くという〕夢も叶わず」とか「叶いそうもない夢」などという記事を見て、

「自分は夢なんか持っていない！　まともに夢すら持てなかったんだ！」

という事実を思い出しました。

そして自分は、

「冒頭意見陳述が自分の本当の心象風景からズレているから、論評もズレたものだらけになってしまったのだ」

という結論にたどり着きました〉（一六〇―一六一頁）

自分の行動の動機の説明は変わりうる

ここで大事なことがふたつあります。

ひとつは、冒頭陳述をおこなったときに、渡邊さんは〈自分の本当の心象風景〉を隠していたわけではなかった、ということです。あの時点では、渡邊さんは〈自分の本当の心象風景〉と思うものを、冒頭陳述で明瞭に答えているつもりだったということです。

もうひとつ大事なことがあります。それは、あの冒頭陳述が〈自分の本当の心象風景から

ズレてい〉たと気づいたそのときに、
「あ、あれじゃなくて、これが自分のほんとうの動機だったんだ」
と〈自分の本当の心象風景〉なるものを発見したわけではない、ということです。

渡邊さんはこの時点では、〈さて自分は一体いつどこで何をどう錯覚してしまっていたのでしょうか?〉と〈見当もつかず途方に暮れ〉(一六一頁)るしかなかったのです。

つまり、自分が行動の動機だと思っていたものが、そうではなかった、と気づきはしたものの、それでは自分はいったいなにを思い、なにを感じて、あのように大胆な劇場型犯罪へと足を踏み入れることとなったのか、ということが、まだ鮮明に前景化・言語化できてはいない、という状態に、いったんは陥ってしまったわけです。

渡邊さんはその後、差し入れられた高橋和巳医師の著書『消えたい　虐待された人の生き方から知る心の幸せ』を読みました。

髙橋医師は、幼児期の虐待を経て成長した人を〈異邦人〉と呼びます。成長後に〈異邦人〉につきまとう生きづらさの根源には、彼らが幼少期に形成した世界観があり、彼らは自分の人生脚本を、悲観的・自虐的にしか構成できなくなる、というのが高橋医師の説明です。

渡邊被告は『消えたい』から得た知見を補助線として、最終意見陳述では自分の犯罪行動の動機を、まったく新しい、違った形で言語化することになります。その説明2.0は、冒頭陳述におけるそれに比べると、渡邊さんの持つ「感じ」からの〈ズレ〉は遥かに小さいものでした。

動機説明の困難は、だれにでも起こりうる

人は、「自分がその行動をなぜやったか」、ひいては「そもそも自分はなにをやったか」ということを自分で理解していると感じるときには、「こういうことがあったから、こう考えた。こう考えたから、こう行動した」という因果的な意味を持つ暫定的なストーリーが、自分のなかでできています。

そういう意味では、自分の行動の動機をうまく説明＝言語化できない、ということは、じつはだれの身にも起こることだと思っています。

渡邊さんは、自分の動機説明にたいする世間のリアクションを読んで、自分のことを言われているとはとうてい思えず、「あれ？　なんか違うんだよなあ……」というその違和感から、「自分の行動の動機を自分自身でわかっていない」ということに気づきました。

理解の背後に控える「一般論」

僕たちが、「自分はXという状況だった→だからYと考えた→だからZをおこなった」という個別のストーリーを展開するとき、その背後には意識するとしないとにかかわらず、一般論が控えています。

一般論は、このばあいだと、

「人はXという状況に置かれるとYと考える（ことがある）」

「人はYと考えるとZをおこなう（ことがある）」

という形をしています。

つまり一般論とは、世界観であり、人間観なのです。

人間とはどういう生き物であり、世界をどう認識するか、といったことにたいする、各個人の持つ一般論があり、それは人によって違うし、ひとりの人のなかでも、読んだ本や経験したことによって変わりうるのです。

渡邊さんは冒頭陳述と最終陳述とで、自己像が変わりました。それは、高橋和巳医師の本を読んで人間観が変わったからです。

高橋医師は『消えたい』で、幼児期に被虐待経験を持つ人たちの個別例を複数紹介し、そこに共通して見られる特徴を一般論（ただし法則的ではなく、確率的な）として述べています。

その諸例に渡邊さんは、自身の少年期の体験との共通点や、犯行当時から公判中にかけてのものの感じかたとの共通点を、ひとつならず発見します。

つまり、自分のそれまでの世界観や行動パターンを、高橋医師の一般論を補助線として解釈しなおす可能性を得たわけです。

一般論はしばしば、根拠薄弱なことがあります。たとえばむかしの人はしばしば、「女は男より劣っている」という根拠のない一般論を疑わぬまま一生を終えました。一般論とはそんな、主語の大きな怪しげなものであることもあるわけです。

それでも、なんらかの一般論なしには、世界を認識することはできないのです、人間は（↑これが大きな主語の例）。

高橋医師の著書をつうじて虐待サヴァイヴァーの被虐鬱という現象を知る前の渡邊被告は、冒頭陳述ではべつの一般論を援用していた、ということになります。それがすなわち、〈「10代20代をろくに努力もせず怠けて過ごして生きて来たバカが、30代にして『人生オワタ』状態になっていることに気がついて発狂し、自身のコンプレックスをくすぐる成功者を発見して、妬みから自殺の道連れにしてやろうと浅はかな考えから暴れた」ということになります〉（『生ける屍の結末』一六〇―一六一頁）

ということなのですが、二〇〇〇年代初頭のネットスラングが使われていることからも明らかなように、この段階では、正直に自分の動機を語ろうとしても「どこかで聞いたような話」になってしまっています。

これは渡邊被告だけの話ではありません。人間は自分の行動の動機を語ると、かなりの高確率で「どこかで聞いたような話」になってしまう。大なり小なり聞いた（読んだ）ことのある話をつぎはぎすることによってしか、人は自分の行動の動機を語ることができないのではないでしょうか。

すべての説明は「暫定的なストーリー」である

さて、最終意見陳述に記載された説明は、それでもまだ、冒頭意見陳述のそれ同様、暫定的なものであると僕は考えます。

暫定的なものと書くと、すぐに覆されて新しい説明、新しい解釈がまたあらわれると主張しているように思われるかもしれませんが、そうではありません。

最終陳述での説明がいかに説得力のあるものであっても、それにたいして改訂が加えられることが今後ないという保証はない、いつかそれ以上に精緻な説明が出てくる可能性はゼロではない、ということです。

そしてもしその〈それ以上に精緻な説明〉、つまり説明3.0もまた、暫定的なものであることを免れることはありません。

このことは、自然科学における現象の説明のヴァージョンアップに似ているかもしれません。ある物理的・化学的・気象学的・地学的・医学的……現象の説明は、科学的な研究が進むにつれ、説明1.0が否定され、説明2.0が乗り越えられ、説明3.0がブラッシュアップされ、といったように変化してきました。それでも、ひょっとしたら現行の説明もまた、さらに新しい説明によって書き換えられてしまうかもしれない。

自然科学と違うところがあるとしたら、個人が自分で自分の動機を説明するときに、学問の進歩のように精緻化していくとはかぎらず、たとえば人生観が変わって急にシンプルな説明に乗り換えるようになったり、なにか偏った思想や宗教にかぶれた結果、急に乱暴な説明をチョイスしてしまうようなこともある、というふうにお考えください。

この「わかった!」→「もっとわかった!」→「もっともっとわかった!」という解釈の

乗り越えについては、前著で書いたことを改めてここで繰り返します。

「わかる」というと知性の問題だと思うかもしれません。しかし、「わかる」と思う気持ちは感情以外のなにものでもないのです。

ペーパーテストのような正解が固定しているものを「わかる」のとは違って、現実の世界のできごとを「わかる」ときは、なにか外にある「解答篇《へん》」と照らし合わせて一致を確認できるわけではありません。

先述のように、自己申告であれ他人による分析であれ、すべての動機説明が「暫定的なストーリー」であるならば、そもそも「自分の行動の動機」なんてものをまともに考えたことのない人はもちろん、自分の行動の動機は自分がいちばんよくわかっている、という自信満々な人でも、行動の動機を履き違えて把握してしまっているということは起こりえます。

僕だって、どういう理由でこの本を書いているのか、ということについてはいくつかの動機を答えることはできますが、それらの動機説明が今後撤回されたり「改訂」されたりする可能性はいくらでもあります。

感情は「私のもの」である以前に「自然現象」である

この節で書いたような意味で、僕は人の心のなかの、とりわけ感情や情動にかかわる現象については、当人が制御できない、その人の中で起こっている、天候のような自然現象である、というふうにとらえています。偶然ですが、仏教研究者・魚川祐司《うおかわゆうじ》さんも〈気持ち〉を〈心の中の「自然現象」〉としてとらえることを提案しています（https://note.mu/neetbuddhist/n/n94a4ab8723e3）。

激しい思いこみや強い怒りといったものに囚《とら》われているとき、僕たちは言ってみれば、小さな舟で漕《こ》ぎ出した海が大荒れになったような状況に置かれています。感情は僕という舟から出てくるというより、僕の意志では積極的に関与できない気候条件じみたなにかによってまず起こるのです。

自分の感情ではあっても、それが起こってくることを自分で制御できません。これは、あらかじめ手入れしていても、気がついたら鼻毛が伸びて正面からでも見えるようになってしまっている、というのに近いかもしれない。

できることは、起こってからどう対処するのか、複数の選択肢からチョイスすることだけです。

3 〈心の穴〉はいつできる?

〈心の穴〉とはなにか

渡邊さんの著書『生ける屍の結末』によれば、親からの被虐待の過去を持つ人に取材した高橋和巳医師の『消えたい』を読んだのが、渡邊さんの自己認識が変化したきっかけです。だから余計に、親のせいで生きづらくなったように思いやすい。

そういえば、アダルトビデオ監督の二村ヒトシさんは、人間が恋という厄介な活動に駆り立てられるのは、そうすることで〈「自分の心の欠けている部分」を埋めようとしている〉のだ、と喝破しました(『なぜあなたは「愛してくれない人」を好きになるのか』イースト・プレス《文庫ぎんが堂》、五三頁)。

この洞察でもって、二村さんのこの本は、僕の人生を変えたと言っても過言ではありません。いまでも、すべての人に読んでほしい本だと思っています。

二村さんはその〈心の穴〉は、まだ物心のつかない幼児期に、必然的に開けられてしまうのだといいます。

〈心の穴は、あなたがまだ幼くて心がやわらかいころ、自我が固まる前に、あなたの「親」

または「親代わりに育ててくれた人」によって、あけられたのです〉（一一〇頁）

そして、虐待するような親だけでなく、〈「良い親」「普通の親」〉であっても、とにかく幼児期の親子関係は、子どもの心に穴を開ける（子どもに劣等感や罪悪感や寂しさを体験させる）ことを避けられないのだと。

この点から見ても、本章で取り上げた渡邊博史さんの件は、当人の生きづらさの出発点として親との関係があった、というふうに理解されやすいかもしれません。

ただし渡邊さんの著書の主題は犯罪、二村さんの著書の主題は恋愛であり、後者の説明を前者に適用するには慎重を要します。というか、そのままでは適用できません。

『生ける屍の結末』を虚心に読むと、親からの虐待や過干渉だけでなく、同級生からの苛烈な虐待も記録されています。親だけではなく、同年代の仲間も――ほんとうは、同年代の仲間こそ、と僕は言いたいのですが――、彼のその後に影響を及ぼしたのではないでしょうか。

社会を覆う〈子育て神話〉

「人がどのような気質を持ち、どのような行動を選びがちになるかは、幼年期に養育者によって決定的に影響される」

という考えかたは、僕たちの社会ではかなり幅を利かせています。

　フロイトの精神分析やジョン・B・ワトソン、バラス・スキナーの行動主義心理学以来、子どもの人格形成に幼児期の養育者が与える影響は決定的なものだと思われてきました。

　一般的な育児書からカウンセリングまでを支配しているこういう考えかたのことを、ドイツの心理学雑誌編集長ウルズラ・ヌーバーは〈〈傷つきやすい子ども〉という神話〉と呼び、米国の心理学者ジュディス・リッチ・ハリスは〈子育て神話〉と呼んで批判しました。彼女たちが使うこの〈神話〉という語は、

「ある特定の社会の人たちによって真理であると信じられている、根拠薄弱な思いこみのシステム」

　という意味で使われています。日本で神話と訳されている英語myth、ドイツ語Mythosの語源であるギリシア語μῦθος《ミュトス》は、もともと「話」「ストーリー」「筋《プロット》」という意味です。

〈子どもとは生まれながらにして純粋無垢《むく》な善人であり、親が模様を描いてゆく無地のスレート板だ、という考え方は私たちの文化の中でも無害な通念である。この社会通念と背中合わせにあるのが、私たちが望んだとおりに子どもたちが育たなければそれは親の責任に違いないという考えかただが、これはもう人畜無害とはいえない〉

（ハリス『子育ての大誤解　新版　重要なのは親じゃない』〔一九九八／二〇〇九〕石田理恵訳、ハヤカワ文庫、下巻、二六二頁）

ハリスは、進化心理学などの知見をもとにデータを再解釈し、一般に言われているより親の影響力は（好影響も悪影響も）少ないと主張しました。発達心理学の分野では「親の影響は絶大だ」という結論を疑わずに、それを証明するようにデータをストーリー化してしまったのだというのです。発達心理学者たちが持っていた「世界観」によって、調査・実験のデータとデータのあいだに無理やり因果関係がでっち上げられてしまった、という事例をハリスは多数報告しています。

〈子育て神話〉のストーリー

〈子育て神話〉は三つのものを軽視しすぎています。ひとつは遺伝、ふたつ目は子から親への影響（「親から子への」ではないことにご注意ください）、もうひとつは学童期・思春期における〈仲間〉（同級生や遊び仲間）の影響です。

いまの日本では言いづらいこととされていますが、人間の気質にはそもそも、遺伝的要因も大きく作用します。たとえば、幼児期の本の読み聞かせが児童の知能に好影響を与える、という伝説があります。しかし、読み聞かせをするような親がもともと高い知能の遺伝子を持っていて、子どもはただそれを受け継いだだけかもしれない（つまり読み聞かせをしなくても同じくらい高い知能に育ったかもしれない）のです。

また現状では、子から親への影響は軽視されています。子どもを持つといろいろ生活を変えなければなりませんが、遺伝的な原因で「あつかいにくい子ども」を授かってしまった親は、たとえそれが自分からの遺伝であったとしても、やはり疲れたりナーヴァスになったりして、それが原因で子どもにたいして望ましくない態度で接してしまうことがあるでしょう。

調査対象の親子が「ピリピリした親＋安定を欠いた子ども」の組み合わせだったときに、〈子育て神話〉の信奉者は、

「ピリピリした親（原因）の虐待やネグレクトや過干渉が子どもというホワイトボードに書きこまれ、安定を欠いた子ども（結果）となった」

というストーリーを作り上げます。しかし冷静に見たばあい、

「安定を欠いた子ども（原因）のあらかじめ持って生まれた反応・行動のパターンが親に影響した結果、ピリピリした親（結果）となった」

という可能性を否定し去る手段はないのです。

さらにハリスはカナダの社会心理学者アン＝マリー・アンバート（アンヌ＝マリー・アンベール）の報告に言及しています。アンバートは大学生に入学以前の自分史を書かせ、いくつかの質問を用意したなかに〈何がもっともあなたを不幸にしましたか〉という問がありました。

「親の好もしからぬ対応・態度」と答えたのはわずか九パーセント、これにたいし「仲間たちからの邪険なあつかい」を挙げた学生は三七パーセントにのぼりました。

〈その経験のために自分は永遠に不利な影響を被っていると彼らは感じている。アンバートはこれを「仲間からの虐待」と呼び、この重大な問題に対してこれまで適切な配慮がなされてこなかったと結論づけた〉（ハリス前掲書二四三頁）

ハリスの引用によれば、アンバートは、

〈児童福祉の専門家たちが親にのみ注目することが多く、思春期における精神的苦痛の最も大きな原因となるであろう仲間との確執や仲間からの虐待を軽視してきた〉

と指摘し、

〈これらの自分史の中には、幸せで十分適応していた子どもが、仲間たちに拒絶され、排斥され、陰口を叩かれ、人種差別を受け、笑いものにされ、いじめられ、性的な嫌がらせを受け、嘲られ、追いかけられ、殴られた経験の後で、かなり急激に心理的にまいっていく様子や、時として身体的に病み、学力が低下する様子が描かれているものがある〉

と報告しています。

渡邊被告（当時）の生きづらさに、かつての同級生たちがなにも負っていないとは、僕には考えられません。

なお、ハリスはその著書で、いじめの話だけをしているのではなく、同年代の仲間との距離の取りかた、クラスでの立ち位置の確保、「グループ」内での役割分担といったさまざまな話題を取り上げています。

ハリスは著書の発表後に、「親の子どもへの虐待や無関心を是認している」などという、まったく読めていない批判を受けました（きっとヌーバーも受けたでしょう）。

僕も前著『人はなぜ物語を求めるのか』を出したあと、「人間がストーリーから逃れることができる（逃れるべきだ）と主張している」という根拠のない批判を受けたので、すべての人に伝わるように書くことの難しさ、自分の筆力不足を痛感しています。

もちろん、相手が子どもであれ配偶者であれ、暴力はダメです。しかしそれがダメなのは、相手が将来を損なうからというよりも、まずはじめに相手の現在を損なうからです。

難しいことかもしれませんが、親が子どもに敬意をもって接することが理想的だと思います。それは子どもが将来明るい大人になるためではなく、いまここ、この瞬間に子どもが幸せであるためなのではないか、とも。

二村ヒトシさんの『なぜあなたは「愛してくれない人」を好きになるのか』は、人間が人生の比較的初期段階で、身近な人間との関係のなかで心に「埋めたくなる欠落」を抱え、その後の行動の図式《スキーマ》を作りあげてしまい、長じてそれを相対化するためにはそれなりの自覚やレッスン（大げさに言えば修行）が必要になってくる、ということを教えてくれます。その基本姿勢は、僕には相変わらず説得的に感じられます。

そのいっぽうで、人が埋めたいと考える〈心の穴〉は恋愛だけではなく、その他のさまざまな厄介な活動――嗜癖《しへき》、依存症、ワーカホリックなど――にも人間を駆り立て、そういった恋愛以外の〈心の穴〉が開けられるのは、人生の初期段階とはいっても二村さんの想定よりはもう少しあと、思春期の終わりくらいまで続き、そちらのほうは親よりも同世代の子どもも集団での経験と関係する、という可能性を否定できないと僕は思うのです。

二村さん、ご著書に勝手に乗っかって、勝手に拡張しちゃってすみません……。

【第5章のまとめ】

・実話には必ずしも必然性を要求されず、偶然が素直に偶然として受け取られる傾向が強い。

・自分の行動の動機が説明できないことは珍しくない。

・あるできごとを「わかる」と感じるということは、多くのばあい、手持ちの一般論で説明できるということを意味するだけである。

・人間の行動を駆動する一般論は、幼児期の親との関係だけでなく、子ども時代の同世代集団での経験によっても作られる。

第6章

ライフストーリーの構築戦略

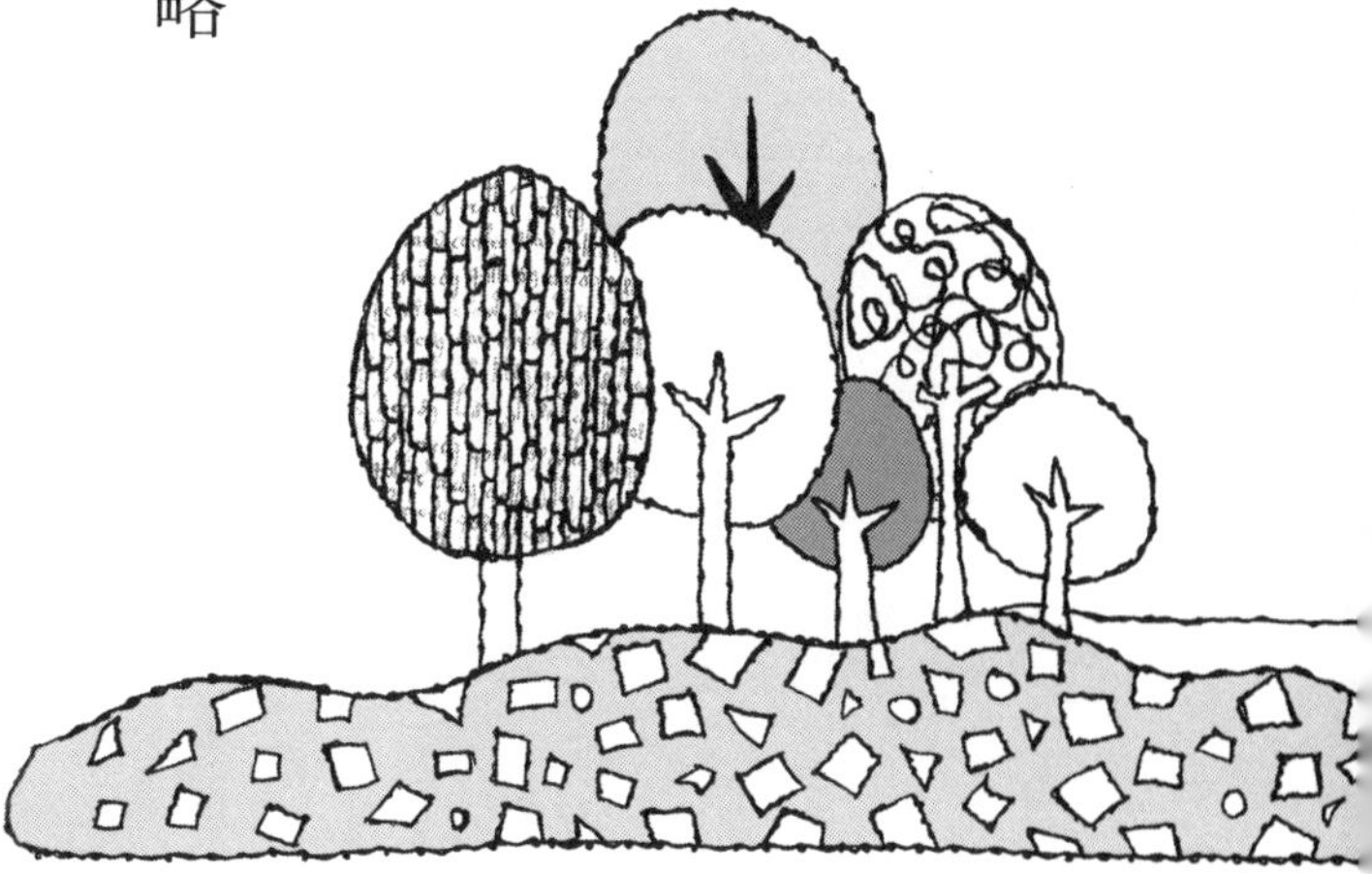

1　脚本《スクリプト》のレパートリーにないことが起こると、人間はフリーズすることがある

「自分がなにをやったかをわかっている」とはどういうことか

「こういうことがあったから、こう考えた。こう考えたから、こう行動した」という因果的な意味を持つ暫定的なストーリーができているときに、人は「自分がなにをやったか」を理解している、と前章で書きました。

人は反射的に、あるいは上の空で、行動してしまうことがけっこうある。あとで考えても、なにを考えたからあのように行動したのかが、自分でわからないこともよくあるのです。

じつは、そもそも上の文のなかの、〈こういうことがあったから〉だって、一筋縄ではいきません。「なにが起こったか」ということだって、理解するときには「意味づけ」できているのです。

意味づけることができないと、「なにが起こったか」が理解できない

前章で、理解の背後には「一般論」がある、と書きました。自分の行動を含むさまざまな

個別のものごとを理解するには、その個別の理解を支える普遍的な図式《スキーマ》・世界観・人間観がある。それが一般論です。

手持ちのその一般論と喰《く》い違うようなできごとが、自分の身に降りかかってきたら、どうなるでしょうか？　そのときには、「なにが起こっているか」をうまく理解できず、自分がどう動くべきなのかもよくわからない、ということになるかもしれません。

このままでは抽象的ですね。具体例に入りましょう。僕自身の体験です。

僕が祖父母の家に行かなくなったこと

子どものころ、毎年二回、盆休みと正月には、母方の祖父母の家に何泊かしていました。

祖父母の家は僕が住んでいた町から、母の運転する車で一時間ばかりのところにありました。

高校一年の夏を最後に、祖父母の家に行くことがなくなりました。

べつに珍しいことではないでしょう。子どもがそれくらいの歳になれば、家族や親類以外のいろんなつきあいがある。僕も夏休みにいろいろやることがありました。音楽とか、芝居とか。

大学に入って、当時かかわっていた劇団の女優から、祖母が僕に会いたがっていると聞いたときには、少々驚きました。なぜ彼女が祖母のことを？

彼女はバイト先で僕の従姉と偶然同僚なのだといいます。従姉によれば祖母は、それまで年二回やってきていた孫のひとりがぱたりと家を訪れなくなったので寂しがっているということでした。

「ということらしいから、たまには顔見せたらどう？」

そう言われると僕も、何年も祖母に顔を見せていないことを後ろめたく思います。

「そうだねー」

と生返事しました。

いや、ほんとうはとっくに後ろめたく感じていました。そう感じていることを、自分で見ないようにしていたのです。

祖父はものの言いかたの癖が強く、どうも苦手だったけれど、祖母は優しい人だ。自分で会いに行けばいいじゃないか。車の免許だって取ったのだし。

それでも僕は祖母に顔を見せに行くことはありませんでした。

頭では会いに行かないことを気持ちのどこかで疚《やま》しく感じながら、理由はわかりませんがどうしても体は動こうとしない。

さらに何年か経って、祖母が蜘蛛膜下出血《くもまくか》で倒れました。母といっしょに病院に見舞いに行きました。ベッドの祖母には意識がない。僕が話しかけても返事はできないだろう。

「だろう」と書いたのは、僕が話しかけなかったからです。ドラマなんかだと、こういうとき、病人に意識がなくても話しかけるものらしいけれど、僕は話しかけるという選択肢を思いつかなかった。

このあと、祖母にかんする記憶は、通夜で久しぶりに母方の従兄弟姉妹五人が集まった晩まで飛んでいます。

自分が祖母の最後の一〇年間、会いたがっているのを知っていながら顔を見せなかったことを、その後ときどき思い出しました。

多少疚しい。けれどなぜか悔いていませんでした。

僕が祖父母の家で体験したこと

通夜のときの自分の年齢の倍ほど生きた二〇一六年の秋、『人はなぜ物語を求めるのか』のもとになる連載を書いているとき、なんのきっかけもなく祖母のことを思い出して、あれ？　と思いました。

人間という動物の特徴は、できごとのあいだに因果関係を作って、それで元気になったり、逆に苦しんだりすることだ。自分のストーリーで自分を苦しめないようにする方法はないのだろうか。そういうことを書いていました。

そういう本のもとになる連載を書いていたら、最後に祖母に会った高校一年の夏休みのことを急に思い出したのです。

最後に祖父母宅を訪れた夏のある日、近くの商店街の本屋と古本屋とレコード屋に寄って、昼過ぎに帰ってきたのだった。

汗をかいた。祖母が風呂を立ててくれたので、浴室で体を洗い始めた。祖母が浴室に入ってきた。

「よく洗わなくては」

祖母はタオルで石鹼《せっけん》を泡立て、僕の体をこすり始めた。そんなことはいままで一度もなかった。居心地が悪かった。

でも「祖母の親切だから拒絶するのはおかしい」と思うと、僕は祖母を拒否することを自分に禁じてしまった。

「僕が赤んぼうのとき、僕を風呂に入れてくれたのかな」なんてことを考えていた。

村田沙耶香《さやか》の小説『地球星人』（新潮社、二〇一八）に〈すこしだけおかしいことは、言葉にするのが難しい〉という言葉が出てきます（四四頁）。〈すこしだけおかしい〉と思っても、自分のほうが〈自意識過剰なのかもしれない〉と思ってしまうのです。これらの言葉は、語り手兼主人公である〈私〉奈月が小学校高学年のときに、通っている学習塾の講師である男子大学生によって性暴力の被害を受けたときに出てきます。

僕の体を、下半身も含め隅々まで洗ったあと、祖母は浴室を出ていった。

その夏を最後に、祖母はいちばん年下の孫である僕の顔を見ることのないまま、約一〇年後に死んだ。

ふたつのできごとは繋がるのか？

僕はその日のことをずっと忘れていたわけではありません。

解釈不能な記憶として、浴室でのことはちゃんと覚えていました。

けれど、あれから三〇年以上経った二〇一六年の秋まで、その日のできごとと、自分がその夏を最後に祖母に二度と顔を見せなかったことが関係あるのではないか、とは、一度たりと考えたことがなかったのです、僕の〈頭〉は。

祖母に浴室に入られたから、僕は祖母に会いたくなくなったのだろうか？

たしかにこういう説明は、自分の行動を説明する「ように見える」だけにすぎません。拙著『人はなぜ物語を求めるのか』は、ストーリーや因果的説明というものの、どちらかというと息苦しさを強調している本だから、その著者としては、安易に因果関係を構築することにたいしては、どうしても慎重にならざるを得ません。

それでも、

〈会いに行かないことを頭のどこかで疚しく感じながら、どうしても体が動こうとしなかった〉

ことの理由の説明として、これはいかにも魅力的な捷径《しょうけい》なのです。


なぜ僕は祖母の行為を加害行為として意味づけることができなかったのか？


いま考えれば〈祖母の親切だから拒絶するのはおかしい〉というのは〈頭〉が考えた理窟です。祖母は孫を愛するものだ、という世間の常識を忖度《そんたく》して捏《こ》ねあげた一般論です。

それを言うなら、そもそも浴室というものは常識的に考えて、「家族・近縁者なら同意なしに踏みこんでもいい場所」なんかではない、ぜったいに。こっちのほうの常識が、あのときからいままでずっと、どうして念頭から消え去っていたのだろう?

おそらく、僕の〈頭〉は僕を「『男らしく』あらねばならない（must）」という「世界観」「人間観」で抑圧して、

「男の自分が女性によって性暴力をふるわれる被害者であってはならない＝あるはずがない（must not）」

と判断し、僕の〈体〉が感じた不快感を否認したのでしょう。

さらにまたそれは、僕の「世界観」「人間観」のなかに、

「女が男に暴力を振るう」

という脚本《スクリプト》・図式《スキーマ》がなかったからかもしれません。

いまでは、「女性による男性への暴力も頻発している」「それは従来軽視されてきた」と知られるようになっています。だから、現在の読者、とくに若い読者からしたら、祖母の不可解な行動と、自分が祖母に顔を見せなくなったこととを、僕がなぜ長いこと結びつけなかったのか、不思議かもしれません。

しかし当時は、「加害男性＋被害女性」の表象はいまと同じようにそこらに満ち溢《あふ》れてい

ましたが、「加害女性＋被害男性」の表象は僕の狭い観測範囲には落ちていなかったのです。

当時僕が好んで観ていたアクション映画では、暴力の加害者はもっぱら男でした。

また、のちに大学に入って読んだフェミニズムの文献でも、暴力の加害者はもっぱら男でした。

インターネットというものがなかったことも、併せてご勘案ください。

僕の手持ちの一般論＝世界観はこのように、その時代の制約もあって偏っていました。そのため、僕の〈頭〉が僕の〈体〉の直観を否認することは、その後も続きました。

のちに成人してから、僕は交際相手の女性の暴力に長期間さらされ、そのときも行動に出るまでかなりの時間がかかりました。

これも、「女が男に暴力を振るう」という脚本パターンが僕のなかに一般論（世界観・人間観）として形成されていなかったことによります。またそれは僕個人の偏りというより、時代の偏りでもありました。パートナーからの暴力の電話相談もシェルターも、男性被害者を想定したものは当時はなかったのです（多少偏りが減ったとは、いえ現代という時代も「加害女性＋被害男性」の想定については、まだ偏っています）。

手持ちの脚本・図式のレパートリーにないことが起こると、人間はフリーズすることがある。人は自分の「わかる」の型に合致したものを「わかった」と認定するのです。その「型」に合わないものはわからない。そして「わかった」と思うのは知ではなく、感情の仕事なのです。

僕の〈頭〉と僕の〈体〉との乖離

そういえば「祖母は優しい人だ」というのも事実ではなく、あくまで当時の僕の〈頭〉の意見だったにすぎない。と、アゴタ・クリストフの小説『悪童日記』の主人公である双子なら言い切るでしょう。意見なんてものに価値はない。

あのとき僕の〈頭〉は世間の常識という「世界観」「人間観」を引っ張り出して、〈祖母の親切だから拒絶するのはおかしい〉と考えました。だから、僕の〈体〉を抑えつけて、祖母に「出ていってくれ」と要求することを禁じたのです。

僕の〈体〉も黙ってはいませんでした。無意識という言葉を使う人もいるでしょうが、敢えてここは〈体〉と書きます。いくら僕の〈頭〉が世間の常識という「世界観」「人間観」を引っ張り出して、

「おばあちゃんに顔を見せに行けよ」

と号令をかけても、僕の〈体〉は頑としてその指令に従わなかったのです。

僕の〈頭〉はそこでまた、世間の常識という「世界観」「人間観」を引っ張り出して、

「おばあちゃんが会いたがっているとを知っているのに顔を見せずにいるお前は不孝者だ」

と僕にレッテルを貼《は》り、僕に疚しさを発生させました。

二〇一六年秋、「一般論と因果関係」について書いているさいちゅうに、僕の〈頭〉の力が弱まった瞬間がありました。

その隙を衝くように、僕の〈体〉が僕の〈頭〉からマウントポジションを奪還し、僕は自分を、

「近親者による性暴力被害を受けた過去を持つ者」

としてとらえなおすことになったのです。

何十年も経って、やっと僕は過去の経緯を（そして自分でも気づかなかった自分の動機を）物語化＝理解することができました。

僕は過去の自分に謝ります。わかってあげられなくてごめん。

そして自分の〈体〉にお礼を言います。

あの夏を最後に二度と祖母に会わないように仕向けてくれて、僕を守ってくれてありがとう、と。

2　ストーリーは、特定の立場から見たストーリーにすぎない

自分の動機を、長いあいだ自分でも説明できませんでした

毎年盆と正月に祖父母の家で数日ずつ過ごすという僕の習慣が、一五歳の夏休みを最後に途絶えてしまったことについて書きました。祖母が会いたがっていることを伝え聞き、疚しさを抱えたまま、僕は祖母の死まで一度も顔を見せませんでした。

祖母は人生最後の一〇年間を、いちばん年下の孫の顔を見ないまま過ごしました。疚しさもまた、祖母の死後長いこと、僕に取り憑《つ》いていました。

そして僕は、祖母に顔を見せなかった自分の動機を、長いあいだ自分でも説明できませんでした。

いっぽう、一五歳の夏休みに風呂で、頼んでもいないのに祖母に全身を洗われて、それを断ることができなかったという体験もまた、長く僕のなかに説明不可能なできごととして残り、ときどき思い出しては説明できずにまた忘れる、ということを長い年月、繰り返しまし

た。

そして（これはいかにも不思議なことなのですが）、あの夏の祖母の行為と、僕が祖母に顔を見せなかったこととは、僕のなかでこれまた長い年月、まったく繋《つな》がらなかったのです。二〇一六年一一月の、ある晴れた午後まで。

性暴力としての意味づけが遅れた理由

いまの読者には、これが性暴力だということが自明すぎて、僕がなぜその場で断れなかったのか、僕がなぜ三〇年以上もそれを性暴力と認知できなかったのか、ということがご理解いただけないかもしれません。

前節に書いたように僕は、「女性が男性を性暴力で加害する」というスクリプトを長いあいだ持っていなかったので、自分の身に起こったことに意味づけをすることができなかった。自分の身体が厭《いや》がっていることに、それくらい鈍感だったのです。

「男性加害者＋女性被害者」という図式だけでなく、相手が祖母という親族だったことによってもまた、僕は長いあいだ、あのできごとを意味づけようとしていました。

「祖母というものは孫の世話を焼くものだ」という一般論から導き出されるスクリプトを後

生大事に抱えて、

「だからあの行為は親心（祖母心）に発した親切である」

と意味づけようとしていたのです。

僕は僕の体に申しわけないことをしました。

こういう男性は多いと思います。

いま、世界の一部の人たちの「世界観」「手持ちのストーリー」が変わりつつある

この世界には「男性が女性を暴力で加害する」というケースだけでなく、逆に「女性が男性を暴力で加害する」というケースもあるのだという事実が、いま、少しずつではありますが、だんだん受け入れられるようになってきました。

フェミニストの映画監督キャシー・ジェイが女性による男性への加害を追ったドキュメンタリー映画『レッドピル』（二〇一六）は、フェミニズム的観点から見てけしからんという理由でオーストラリアで初回上映を禁止されました。全体主義国家ばりの表現弾圧の事例です。

それでも、この映画はオーストラリアで、翌二〇一七年に公開されています。時代は少し

ずつ動いています。いま、世界の一部の人たちの「世界観」「手持ちのストーリー」が変わりつつあるのです。

若い世代の男性たちが、そして女性たちも、自分の身体が厭がっていることを、あの日の僕よりも敏感に察知することができることを願います。

では祖母の行為は、僕が長らく意味づけていたような「たんなる親心（祖母心）に発した親切」なのではなくて、二〇一六年一一月のある晴れた午後に僕の上に突然降ってきた新しい意味づけの示すとおり、「性暴力」「セクハラ」である、ということなのでしょうか？

ストーリーはできごとの経過それ自体ではなく、経過を特定のアングルから意味づけた結果

「親切」か「暴力」か？

じつはこの二者択一の問は、贋《にせ》の問です。

このできごとを「たんなる親切」と取るか「女から男へのセクハラ」と取るか、というのは贋の問というか、どっちから見るかってだけの話なんです。

僕自身は、祖母に性暴力加害の意図はなかっただろう、と思っています。祖母の頭のなかのストーリーにおいては、あのできごとはたんに、「親心（祖母心）に発した親切」にほか

ならないものだったのだと思います。

当時から二〇一六年まで僕が構築しようとしていたストーリーでも、やはりあれはたんに、「親心（祖母心）に発した親切」であるはずのものでした。

そして二〇一六年一一月以降の僕のストーリーにおいては、あれは「女から男へのセクハラ」です。ストーリーとは、できごとの経過それ自体ではなく、経過を特定のアングルから意味づけた結果なのですから。

つまり祖母の行為は「親切」であり、同時に「暴力」でもあった、と僕は考えています。

「親切」と「暴力」は両立しうる

「それはほんとうの親切ではない」という声が聞こえてきそうです。「ほんとうの親切だったら、相手の立場に立って、相手が厭がることはしないように配慮するはずだ」と。

そういう意見のかたにとっては「親切」というものがとても神聖なものなのでしょう。そういう人には、祖母のあの行為にまで「親切」という言葉を使おうとする僕の言葉のチョイスはショックを与えるかもしれません。

暴力というのは、加害者にその意図がなくても、たんなる知識不足でも起こってしまう。

暴力のうちのかなりの部分が、加害者が暴力を発揮しようと意図することによってではなく、加害者側に「これは暴力になりうる」という知識が欠如していることによって起こってしまうのです。

祖母の行為が善意に発したものであっても、彼女が僕にたいしておこなったことは、僕から見て暴力であると言い切ってよい。

そう思うようになった瞬間、祖母に感じていた不可解さ、気味悪さは消え、それに代わって僕が彼女にたいして抱いた感情は、恨みでも憎しみでもなく、憐《あわ》れみでした。

僕も知らなかったけど、彼女も知らなかったのです。単一の行為のなかで、**「親切」と「暴力」は両立しうる**、という事実を。

「暴力にはならない、ほんとうの親切（善意）」というものがどこかにある、というふうに考えるのは、僕は危険だと思います。

少なくとも僕は迂闊《うかつ》で独善的な人間です。そんな僕が「暴力にはならない、ほんとうの親切（善意）」というものがどこかにある、と思いこんでしまったら、ちょっとしたことで「いま自分がしていることはそれに該当するのだ」と信じ切ってしまう可能性があります。

恐ろしいことです。

親切というのは、相手から見たら暴力になってしまうかもしれないという覚悟のもとでおこなうくらいがいいと思います。こう書いたからといって僕は、暴力的なお節介を推奨しているわけでもなく、逆に親切な行為をする心理的ハードルを上げたいわけでもありません。だれもが、自分の親切は相手にとっての暴力になる可能性を検討したうえで、その諦めをもって（でも気軽に）親切をしたりされたりするのが社会なのではないか、見返り目当てで親切をする人や、人のことを「恩知らず」と責める人や、「親切にする以上は最後まで責任を持って面倒を見るべきだ」と強弁する人の意見は、もう相手にしなくていいのではないか、と考えています。

各人が持っている一般論＝世界観（スクリプトの集合体を含む）は、よく見ると人によって違っている部分があります。だから、「ここから先は厭がらせ・暴力・ハラスメントになる」という「ここ」の場所が、人によって違う。それを統一することができるのかどうか、というのは、本書の射程を超えた公共哲学の圏域に属する問題のようです。

本書で言えることはせいぜい、

「ストーリーは、特定の立場から見たストーリーにすぎない」

という、とても慎ましい命題にすぎません。

そしてどんなに慎ましくてもこの命題は、僕にはなにより尊いものに思えます。

被害者は、べつの場所で加害者でありうる

ですから、僕が「自分は被害を受けたのだ」と自覚したということは、僕が「被害者意識」を持ったということではありません。むしろその正反対です。

祖母が自分にとって加害者であったということがわかった。そして祖母にその自覚がなかったということは間違いなさそうだ。そう考えると、この僕もまた日々、無自覚に他人に害を加え続けている、ということに思いいたらないわけにはいかなかったのです。たんに「自分が被害を受けたという自覚を持っている人」と「被害者意識を持った人」とは違う、と考えています（というか、「被害者意識」という語をそういうものとして僕は使います）。

自分がひとつのストーリー（世界解釈＋自己像）をしか生きられない、ということは、そのストーリーの外側をいまこの瞬間に知ることはできないということであり、そしてその不可知の「外側」は無限なのです。「加害しない純粋な被害者」などという空想の産物に自分を擬するなんていうことは、僕にはどうもできそうにありません。

3　人に罪悪感を抱かせようとするシステムからはすぐに逃げろ

疚しさから逃げること

僕の〈体〉はおそらく、あれが性暴力であることを感じていました。だから浴室で居心地が悪かった。きっと不快だったのです。しかしその不快を僕がきちんと自覚できなかったのは、僕のなかの一般論——既知のストーリー群の基盤——が、

「祖母が孫の体を洗ってあげるのはたんなる親心（祖母心）に発した親切なのに、それを忌避したり、まして性暴力と意味づけるなんて、なんという不孝ものだ」

と僕の〈体〉を拒否し、僕が不快をきちんと自覚できないようにしたのだと思います。

そして僕はそこから、

「だからそれを気持ち悪いと思ってしまった自分は、自意識過剰で人情のわからないダメな孫だった」

という自責のタネを引き出して、長いあいだ自分を罰しつづけていたのです——というほど大袈裟《おおげさ》なものではなくて、思い出すたびに疚しい気持ちになっていた、という程度のことなのですが。

それでも以下のことを、この場を借りて強く言うことにします。

人間は物語る動物ですが、その「物語る」という行為で自分を苦しめることもあるのです。人に罪悪感や疚しさを抱かせるストーリーやシステムからは、一刻も早く遠ざかることをおすすめします。

繰り返しますが、たんに「自分が被害を受けたという自覚を持っている人」と「被害者意識を持った人」とは違います。「被害者意識を持った人」は、周囲の人に罪悪感や疚しさを抱かせ、自責させようとします。もしそういう人に責められてしまったら、たとえあなたが加害者であったとしても、なるべく自責せずに謝罪だけけして逃げましょう。

もしその「被害者意識を持った人」があなたの〈頭〉のなかにいて、あなたの過ちをあげつらってあなたを自責に追いこむようであれば、

「このストーリーは、特定の立場から見たストーリーにすぎない」

ということをどうか思い出して、自責から抜け出す方法を探ってください。


罪悪感、自責の念、疚しさ、後ろめたさ、申しわけなさを抱かせるシステム

僕が祖母が死ぬまでの約一〇年間、一度も顔を見せなかったことについて書きました。顔

を見せなかったことについて僕は自責の念を持っていましたが、前述したように、いまはそこから解放されつつあると感じます。

親・祖父母などの尊属や兄姉・先輩などの目上の人にたいしてはなにごとも譲るべきだ——と盲目的に考えてしまうのは、僕たち日本人が、儒教で言う「孝」「悌」「忠」の価値観が通俗化したものを空気のように吸って育つからかもしれません。そして人はこの通俗的「孝」「悌」「忠」の世界観に一体化できないときに、罪悪感、自責の念、疚しさ、後ろめたさ、申しわけなさを抱いてしまう傾向があります。

これとは逆向きに、しかしよく似たメカニズムで、前章末で取り上げた〈子育て神話〉は、罪悪感、自責の念、疚しさ、後ろめたさ、申しわけなさを親に抱かせるシステムとして機能しています。だからワイドショウは少年や若年者の犯罪報道では、その親を取材しようとするのです。

日本語には「親の顔が見たい」という言い回しがあります。ひょっとしたらかつては遺伝的な（むかしは「血」などと言った）意味で言っていたフレーズなのかもしれませんが、いまは、少なくとも僕のここ数十年の観測範囲では、これは親の「育てかた」のことを言っています。

「親の顔が見たい」と言っている人が自分の子どもを誇りに思っているか、少なくとも「よそさまに迷惑をかけるような子ではない」と思っているとしたら、その人は「自分の子どもが真人間になっているのは自分の育てかたがよかった（少なくとも間違ってはいなかった）」と考えているのかもしれません。

だとしたらその人は、「公正世界」の誤謬《ごびゅう》（世界は帳尻が合うようにできているという誤信念。『人はなぜ物語を求めるのか』一五二頁参照）とコントロール幻想（自然現象や他人を操作可能な対象とみなしてしまう癖。同一六九頁参照）を抱えているのでしょう。

ほんとうは自分が子どもに伝えた遺伝子のせいかも、また親のあずかり知らぬところで子どもがいい仲間に恵まれた（少なくとも悪い仲間に傷つけられることはなかった）おかげかもしれないのですが。

このように人間は、世界の成り行きを、年表や履歴書のようなたんに時間順の前後関係で把握するというよりは、「原因→結果」とか「動機→行動」といった因果関係のストーリーでとらえようとする傾向があります。

どういうストーリーで、自分の体験を把握するか

先ほど書いたように僕は、自分が祖母の最後の一〇年間、彼女に会いに行かなかったことを、彼女の死後、長年にわたって「僕が祖母に不義理していた＝僕が悪かった」というストーリーで説明しつづけていました。

その自責の苦しさが終わったのは、自分が祖母に会いに行かなかったことの説明が、「僕は祖母が僕にした行為が厭だったのだ」というストーリーに変わった瞬間でした。ですから、自分の苦しみを「だれか」や「なにか」のせいにしたほうが自分が納得するのであれば、そういうストーリーを人は選ぶことができます。

ただしそれは、その「だれか」や「なにか」が恨みや憎しみの対象とならないときにかぎります。

自責をやめたはいいけれど、もしその「だれか」や「なにか」を恨み、憎しみつづけることになれば、やはりべつの苦しみが始まります。人を憎むというのは、その人に自分の感情の支配権を受け渡してしまうことだからです。

ライフストーリーの四つの型

ハンガリーの社会心理学者で政治家でもあるハンキス・アグネス（ハンガリー語は日本語

と同じく姓が先にきます）は、人、とくに若い人が自身のライフストーリーを構成するときの〈戦略〉パターンを四つ、挙げています（Hankiss, Agnes, "Ontologies of the Self : On the Mythological Rearranging of one's Life History" in Daniel Bertaux（ed.）, *Biography and Society : The Life History Approach in the Social Sciences*, Sage Publications, "Sage Studies in International Sociology", 1981, pp. 203－209）。

(1)名門型戦略「私は幸福な過去を過ごした、だからいまの幸福がある」
(2)対照型戦略「私は不幸な過去を過ごしたが、だからこそいまの幸福がある」
(3)賠償型戦略「私は幸福な過去を過ごしたが、××があったせいでいまの不幸がある」
(4)転嫁型戦略「私は不幸な過去を過ごした、だからいまの不幸がある」

親の虐待や過干渉が取り沙汰されるときは、(4)の型のストーリーを助長してしまう危険と隣り合わせなのです。

僕は「過去なんか気にするな」と言っているわけではありません。そうではなく、自分の過去や現在をどう意味づけるかは、原理的にはある程度選べるはずではないだろうか、と考えているのです。

極論すれば、上記四つのストーリー構築戦略はすべて間違っているはずです。過去がどうであるかということと現在の幸・不幸とは、最終的には関係ないはずだと、僕は考えます。

ただ、そこまで割り切れないとき、というのは僕にもしょっちゅうある。そういうときに、ああ自分はいま弱っているな、と自覚できたなら、

「さていま自分はこの四パターンのそれを採用しているだろうか？」

と自省することで、自分が作り出したストーリーで自分を苦しめる時間を少しでも短くしようとしています。ちなみに僕は弱っているときほど(3)のパターンにはまることもあれば、(4)のパターンにはまることもあります。自分の過去が幸福だったか不幸だったかすら、そのときそのときで印象が変わるのです。

ネガティヴ感情に執着する不健康

いつごろからか（一九八〇年代？　一九九〇年代？）日本では、事件や事故や災害で家族を失った遺族が命日などに、作文を発表したり読み上げたりしてＴＶがそれを報道する習慣があります。

不慮のできごとで家族を失った遺族はおそらく、どう表現してよいかわからない感情にのみこまれています。その不定形な感情を言語化することは、傷ついた心に平和をもたらすた

めに大いに意味があります。ちょうど前著の執筆が僕にたいしてセラピー効果があったように。

ただし、その言葉はひとりひとり手さぐりで、違った経路を通って発見されるはずのものではないでしょうか。

形式好きの日本人は、この作文に卒業生答辞的なテンプレートを作って守りはじめました。いわく、

「あれから何年経ちましたが、この悲しみはまったく変わっていません」

「これからも永遠に変わらないでしょう」

「この悲しみに押しつぶされない日は、あれから一日としてありません」

ニュースで見聞きするこれらのテンプレートは、恨みを固定し、立ち直りを遅らせ、自分に呪いをかける呪文です。

もし遺族が上述のような形骸化したテンプレートにすがってしまうようなことがあるのなら、そういう風習を報道すること自体に害があると感じます。

上述のような「憎しみや怒りを風化させない」＝「ネガティヴ感情に執着する」形式の呪文を好んでしまうのは、日本人に多い激しい宗教嫌い（逆説的な表現になりますが、この嫌

悪自体がひとつの「信仰」になっています）の副作用で、自分の報復感情を宥《なだ》めることが得意でなくなっているせいであるように思えます。

自分の被害感情を宥めることができるのは、最終的には自分でしかない

僕はというと、

「自分が祖母に会うことがなくなったきっかけは祖母の行為である」

というストーリーを思いついて以後の二年間、亡き祖母を憎んだり恨んだりする気持ちは起こっていません。

彼女はたった一度の、しかもおそらく親切心（と無知）に発した過ちが原因で、その夏以来死ぬまでの一〇年間、最年少の孫とは二度と会うことがかなわなかった。わざとストーリー的（公正世界仮説的）な物言いをするならば、祖母はふさわしい報いを受けただけなのです。そしてそのことは、僕が気に病まなくてもよかったはずのことでした。そしていま、祖母に恨みを抱く気もなければ、同情する気もありません。

不快な目に遭わされた経験を何度も反芻《はんすう》して味わうか、被害感情を宥めたうえでしかるべき行動につなげるかを、人は選ぶことができるのではないかと思います。後者を選ぶことは必ずしも容易ではないでしょうけれど。

僕が被害者であったとしても、僕の被害感情を宥めるのは加害者ではなく、僕自身の仕事です。これができるようになれば、僕も、自分はおとなになったのだと胸を張って言うことができます。


単一のストーリーに縛られると、自分やだれかを責めてしまう

二〇一八年、ＮＨＫ総合『目撃！　にっぽん』で、娘さんを強姦《ごうかん》殺人で失った（犯人は自殺）中谷加代子さんが、

「罪を犯した人は自分が幸せを感じなくなっている。自分が幸せを感じられなくて他人の幸せを願えるだろうか。自分が幸せを感じることができてはじめて償いにとりかかれる」（大意）

という意味のことを言っているのを見て、胸を打たれました。

人は自責・罪悪感が強いと、償えないのです。

同番組によると、この発言にたいしてべつの被害者遺族から、

「加害者が自分を責めるのは身から出た錆《さび》である。苦しみ続けるのが当然である」

「あなたは亡き娘をどう思っているのか」

と批判があったといいます。

しかし僕は中谷さんの姿勢に胸を打たれました。僕がもし被害者遺族になったら（想像するだけでもつらい話ですが）、僕は中谷さん側に立ちたい。立てるだろうか。その自信があるとは必ずしも言い切れないけれど……。

いまこの瞬間にも、自分の過去の過ちを思い出して、自分を責めている人は多いと思います。その苦しみのいくぶんかは、あなたにとって無駄なものではないでしょう。

けれど、たとえあなたの過ちがどれだけ大きなものであったとしても、自責の苦しみにいつまでも泥《なず》むのは、なんの益もないし、たぶん害しかない。

恨みや他責的感情、また罪悪感、自責の念、疚しさ、後ろめたさ、申しわけなさを抱かせるシステムからは、いますぐ――というのが無理なら、いつか必ず――身を引き離す決意を持つことが大事だと思います。

あなたのかつての過ちのせいで苦しんだ被害者が、罪悪感から身を引き離して胸を張って生きようとするあなたを見て、

「反省が足りない。私はいまでも悲しい気持ちなのに！」

と責めたとしても、あなたにはどうしようもないのです。

両者にとって残酷な話ですが、その人の悲しみを減らすためにあなたができることには、限りがあります。あなたが自責しつづけても、その人の悲しみは減りません。なぜなら、悲しい気持ちを手放さないぞ、というのがその人の選択だからです。

許してもらえないのは、あなたもつらいことでしょう。けれど、許すかどうか決めることは相手の人にしかできません。

こう書きながら、ここに反撥《はんぱつ》する読者も多いことだろうと思っています。なにしろ、書きながら僕のなかの「人間＝動物」的部門が反撥しているのですから。それだけいまの社会は、ヒトという動物の報復感情がむき出しになっているということでもあります。

「自分が悪かったのだから、自分は幸福を感じてはならない」という一般論が心のなかに立ち上がってきたら、自責の時間を過ごしたいだけ過ごしたあとで、自分に問うてみませんか。

「それ、ほんとの話？」

と。

【第6章のまとめ】

・意味づけることができないと、自分の身に降り掛かったことも、自分の行動も、理解できない。

・ストーリー的な理解とは、ふたつのできごとを因果あるいは動機の関係で結びつけることである。

・ストーリー的な理解はときに当人を不幸にするが、それが欠如していることによって当人が苦しむこともある。

・いま、世界の一部の人たちの世界観が変わりつつある。

・ストーリーはできごとの経過それ自体ではなく、それを特定のアングルから意味づけた結果である。親切と暴力は同じできごとの両側面でありうる。

・世間には罪悪感を抱かせるシステムが構築されている。単一のストーリーに縛られると、自責的あるいは他責的に思考してしまう。

・自分の被害感情を宥めることは、自分にしかできない。

補説　物語とストーリー、そして表現の責任

拙著『人はなぜ物語を求めるのか』（ちくまプリマー新書）は、若い読者を想定して、物語とはなにか、物語の構成要素であるストーリーにヒトはどれほど影響されるか、について、ごく基本的なことを書いた入門書です。

ここでは拙著をお読みでないかたのために、物語・ストーリーについてかいつまんで説明します。前著に書いていないことも書きましたので、すでにお読みのかたもぜひ。

ストーリーはできごとの継起が脳内に表象されたもの

人が世界を認識するとき、脳内でストーリーが展開します。ストーリーは脳の外には実在しません。ストーリーは、人間が世界をできごとの継起《シークエンス》として把握した脳内表象です。

今朝自分は六時に起床した→トーストとベーコンエッグの朝食を食べた→八時に家を出た→八時一五分の電車に乗った、といった前後関係の形で、人は世界を把握しています。

ただし人間にとって、できごとをありのままで受け取ることは容易ではありません。多く

の要素がストーリー化されず、カットされます。さきほどの例で言うと、調理や身支度の詳細、家から駅までの道すがら見たものなど、多くの要素が省略されます。

ストーリーは過去のことだけではありません。現在進行中のできごとの実況中継、未来のできごとの予測、「あのときああしていたら」という反実仮想、完全にフィクションの展開などもあります。

ストーリーはできごとの継起に勝手に意味を与える

人はできごとを把握したと感じるために、外部から入力された刺戟《しげき》を手持ちの予断や推測によって勝手に意味づける傾向があります。たとえその予断や推測が間違っていても。

「わかった」という感覚は感情の問題であって、知の問題ではありません。そして予断や推測は個体間で大きくばらついているので、同じ事態を前にしても、人によって違うストーリーで把握されることがあります。

また、人はよく、前後関係を因果関係だと思いこんでしまいます。できごとの原因・理由がわからなければ、そのできごとがわかったという気になりにくい——人間の思考はそのように設計されています。この件については、本書第3章末の平昌《ピョンチャン》パラリンピックの話を思い出してください。

物語はできごとの報告

先ほど、

〈今朝六時に起床した↓きょうはトーストとベーコンエッグの朝食を準備した↓〔…〕〉

という文字列を書きました。この文字列が物語《ナラテイヴ》です。物語とは「できごとを報告する表現物」だと考えてください。ストーリーは個人の脳内にありますが、表現された結果である物語は複数の人のあいだで共有できます。

物語は一義的には言語（音声言語、文字、手話など）による表現ですが、広義には他の表現方法（一枚から多数の静止画像、動画、音の表現など）と組み合わせられたものも含みます。そういった表現それ自体を「物語」と呼びます。

脳内にストーリーができあがってから、そのあとでそれが物語として表現されるという順番を思い描くかもしれません。しかし日常会話では多くのばあい、物語として発話されることによって脳内のストーリーがはじめてそういうものとして構成されます。この現象はとりわけ、カウンセリングの場でクライアントがライフストーリーを語るときに顕著です。

先述のとおり、人によって手持ちの予断や推測が異なる以上、受信者が「物語」を読解する（＝脳内でストーリーとして再構成する）ときに、発信者が意図してもいなかったものを勝手に補ったり、発信者が「これは伝わるだろう」と思っていた重要な要素を読み落としたりすることもあります。これが人間どうしのコミュニケーションの前提です。

人は物語に教訓（一般論）を読み取ってしまう

物語の受信者は多くのばあい、表現や筋《プロット》だけを純粋に美的に受け取りません。たいていなんらかの実用的メッセージをそこに見出《みいだ》してしまいます。

受信者は小説や映画などの娯楽コンテンツにすら、なんらかの教訓や実用情報を見出し、なんならそのお説教すら娯楽性の対象とします。三度目になりますが、人によって手持ちの予断や推測が異なるため、受信者間でまるで違う一般論を読み取ってしまうこともあります。

物語は個別の事態を報告しますが、そこから抽出される教訓は一般論です。イソップ寓話《ぐうわ》の物語部分で、旅人のコートを脱がせようとして北風は失敗し太陽は成功しますね。これは一度きりの個別のできごとです。いっぽう本文末尾の教訓部分はストーリーを〈説得が強制よりも有効なことが多い〉と一般化します。

寓話のように教訓が明示されなくても、たとえば『ONE PIECE』のルフィの冒険という個別のできごとから、「仲間は大事だ」などの一般論を人は読み取って感動します。

「炎上」の理由

受信者が読み取ったメッセージが「手持ちの一般論」のレパートリーに一致したり、それを補強したりするときは、その物語が支持される傾向があります。

おもしろいのは、そういう一般論を読み取るからといって、受信者がその主張に賛同するとはかぎらないということです。コミュニケーションにおいては、一般論的メッセージ（なかには発信者が意図すらしていなかったものもある）を受信者が読み取って、それに反撥《はんぱつ》する、ということがいくらでもあります。

メディア上の広告もまたそういう反撥から逃れられません。SNSという個人で発信できる手段が普及した現在、反撥をたくみに言語化できる個人が発端となっていわゆる「エコーチェンバー」（同じ意見が谺《こだま》のように飛び交う閉じたコミュニティ）が形成され、やがて「炎上」にいたることもあります。

コンテンツ制作者は現代の語り部《かたべ》

小説や映画だけでなく、歌詞や広告やウェブ記事や美術作品などといったコンテンツの制作者は、ときに物語作者として、人々の「一般論」を作り上げる力を持っています。いまの社会において適切ではないとされる一般論を作りだすこともあるでしょう。

たとえば受信者が、虚構作品内の一登場人物が置かれた状況（個別）を見て、それが現実世界における同じ属性を持つすべての人にたいして、望ましからぬ教訓（普遍）を押しつけていると判断し、強く反撥する、というケースがあります。「炎上」に発展して、制作者の責任が問われることも多いでしょう。

しかしコンテンツ制作者にはもうひとつの責任もあります。過度の自粛により表現・思考の世界自体を息苦しくしてしまう責任です。

不適切な一般論を避ける配慮と、表現・思考の世界を狭めない配慮とは、一見すると、こちらを立てればあちらが立たぬトレードオフの関係にあるように見えます。そしてどちらも大事です。そう簡単にどちらか一方を捨てるわけにはいきません。難しい！

ここで思い出していただきたいのですが、ダーウィンの著作をはじめ、自然科学や哲学や文学やアートを更新してきた作品は、その時代その時代の優勢な一般論から見て不適切なもののなかから出てくることが多かった。

異端審問所の弾圧や全体主義国家の検閲（第6章で挙げた映画『レッドピル』を思い出してください）のことを思うと、不適切な一般論の害悪だけでなく、表現・思考の世界を狭めてしまう害悪もまた、深刻に思えます。

無配慮な一般論の流布や「炎上商法」を煽《あお》る気はまったくありませんが、「炎上」のなかには異端審問のような「ただの言いがかり」にすぎないものもあります。「炎上」を恐れて過度な自主規制に走ることこそ、コンテンツ制作者の最大の責任放棄であるような気がしています。

日本語で読める読書案内

本書を読んで、ストーリーという問題に興味を持たれたなら、そして、もしまだ拙著『**人はなぜ物語を求めるのか**』（ちくまプリマー新書）をお読みでないのであれば、それをまずお読みいただくのがいちばん早いと思います。

また本書でいちばん多く引用されているマリー＝ロール・ライアン『**可能世界・人工知能・物語理論**』は、拙訳が水声社《叢書・記号学的実践》第二四巻として刊行されています。

文化的コミュニケーションの隠れた主役であるミーム（遺伝子）の概念については、リチャード・ドーキンス『**利己的な遺伝子**』（日高敏隆他訳、紀伊國屋書店）とスーザン・ブラックモア『**ミーム・マシーンとしての私**』（垂水雄二訳、草思社）から入ることをおすすめします。

蓋然性の低いできごとの報告価値については、ユーリー・M・ロトマン『**文学理論と構造主義　テキストへの記号論的アプローチ**』（磯谷孝訳、勁草書房）、またその情報量についてはクロード・E・シャノン＋ワレン・ウィーヴァー（ウォレン・ウィーバー）『**通信の数学的理論**』（植松友彦訳、ちくま学芸文庫）をごらんください。

因果関係の箇所で触れたデイヴィッド・ヒューム『人間本性論』（木曾好能《よしのぶ》他訳、法政大学出版局）には、『人性論』（大槻春彦訳、岩波文庫）という古い訳もあります。

フィクション理論については前記ライアンの他、ケンダル・ウォルトン『フィクションとは何か　ごっこ遊びと芸術』（田村均訳、名古屋大学出版会）、ジャン＝マリー・シェフェール『なぜフィクションか？　ごっこ遊びからバーチャルリアリティまで』（久保昭博訳、慶應義塾大学出版会）、三浦俊彦『虚構世界の存在論』（勁草書房）などがありがたい仕事をしています。

フィクション問題で触れたハリエット・アン・ジェイコブズの作品には、『ハリエット・ジェイコブズ自伝　女・奴隷制・アメリカ』（小林憲二編訳、明石書店）と『ある奴隷少女に起こった出来事』（堀越ゆき訳、新潮文庫）というふたつの訳があります。

またギユラーグ公爵の作品では佐藤春夫訳『ぽるとがるぶみ』（人文書院）が有名ですが、リルケのドイツ語訳からの水野忠敏による重訳『ポルトガル文』（角川文庫／文庫版《ちくま文学の森》第一巻『美しい恋の物語』所収）も広く親しまれています。

フィクションに求められる必然性については、アリストテレス『詩学』（松本仁助＋岡道男訳、『アリストテレース詩学 ホラーティウス詩論』所収、岩波文庫）、オービニャック師『演劇作法』（戸張智雄訳、中央大学出版部）、ツヴェタン・トドロフ『幻想文学論序説』（三好郁朗訳、創元ライブラリ）に触れました。

なおジェラール・ジュネット「**真実らしさと動機づけ**」（矢橋透訳、『フィギュールII』所収、水声社《叢書・記号学的実践》第一一巻）はこの問題をどう考えるべきかを示した最初の論文で、「一般論」をめぐる本書の議論のヒントになっています。

人間を含む動物の光感受性と世界認識の関係については、アンドリュー・パーカー『**眼の誕生　カンブリア紀大進化の謎を解く**』（渡辺政隆＋今西康子訳、草思社）、藤田一郎『**脳はなにを見ているのか**』（角川ソフィア文庫）、三浦雅士『**孤独の発明　または言語の政治学**』（講談社）などが興味深い視点を与えてくれます。

偶然の問題については、九鬼周造『**偶然性の問題**』（岩波文庫）、ジョン・スチュアート・ミル『**論理学体系　論証と帰納**』（大関将一＋小林篤郎訳、春秋社）、木田元『**偶然性と運命**』（岩波新書）、ダンカン・ワッツ『**偶然の科学**』（青木創訳、ハヤカワ文庫）など、まったく違った多くの切り口があります。

人間は対象のごく一部だけを、しかも自分の都合だけで切り出している、という「群盲象を撫でる」の話は、『**自説経**』第六章第四節などにあります（正田大観訳『**小部経典**《クッダカ・ニカーヤ》**　ブッダの福音**』第一巻所収、Evolving）。これを譬喩として用いたデイヴィッド・ジョーゼフ・ボームの著作が『量子論』（高林武彦他訳、みすず書房）です。

前著に続き、渡邊博史《ひろふみ》さんの手記『生ける屍の結末「黒子のバスケ」脅迫事件の全真相』（創出版）と高橋和巳医師の『消えたい　虐待された人の生き方から知る心の幸せ』（ちくま文庫）を参照させていただきました。両氏に心からお礼申しあげます。

「心の穴」問題については、理論篇が二村ヒトシ『なぜあなたは「愛してくれない人」を好きになるのか』（イースト・プレス《文庫ぎんが堂》）、実例篇が雨宮まみ『女子をこじらせて』（幻冬舎文庫）、豊島ミホ『大きらいなやつがいる君のためのリベンジマニュアル』（岩波ジュニア新書）、小池龍之介『坊主失格』（幻冬舎文庫）と考えてください。

子育てやトラウマ問題における幼児期偏重を批判した本に、ジュディス・リッチ・ハリス『子育ての大誤解 新版 重要なのは親じゃない』（石田理恵訳、ハヤカワ文庫）とウルズラ・ヌーバー『〈傷つきやすい子ども〉という神話　トラウマを超えて』（丘沢静也訳、岩波現代文庫）があります。

前著刊行後に、物語論の新しい入門書が刊行されました。橋本陽介『物語論　基礎と応用』（講談社選書メチエ）です。マティアス・マルティネス＋ミヒャエル・シェッフェル『物語の森へ　物語理論入門』（林捷他訳、法政大学出版局《叢書ウニベルシタス》）と並んでご参照ください。
その他、本文中で名前を挙げていませんが、本書が前著同様に依拠した文学理論をはじめとする諸分野の文献（アウエルバッハ、ベイトソン、ベルタランフィ、ブース、ボイヤー、ブーバー、ダマシオ、デネット、エーコ、フォコニエ、フランクル、フライ、ガザニガ、ジュネット、ウィリアム・ジェイムズ、ジェインズ、クラーゲス、マトゥラーナ＋バレーラ、三木成夫、西田幾多郎、ノーレットランダーシュ、ポランニー、スペルベル＋ウィルソン、鈴木大拙、ユクスキュル、魚川祐司、ヴァイツゼッカー、ウィーナー）については、前著『人はなぜ物語を求めるのか』巻末の「日本語で読める文献案内」をごらんください。以下では、前著の読書案内で触れなかった著作を五点のみ補っておきます。

ケネス・バーク『**動機の文法**』森常治訳、晶文社
神谷美恵子『**生きがいについて**』みすず書房《神谷美恵子コレクション》
アーサー・ケストラー『**創造活動の理論**』大久保直幹他訳、ラティス
岡潔『**数学する人生**』森田真生編、新潮文庫
ハンス・ロスリング他『**FACTFULNESS　10の思い込みを乗り越え、データを基に世界を正しく見る習慣**』上杉周作＋関美和訳、日経ＢＰ社

あとがき

本書は文学理論（とくに物語論、フィクション論）の入門書でもありますが、同時に自己啓発本でもあります。より正確に言うと、「自分啓発本」です。

通常の自己啓発本では、人生がうまくいっている人がそうでない人に向けて「うまくいくコツ」を教えてくれますが、本書はそうではありません。

人生がうまくいっているとはけっして言えないダメな人間である著者が、自分がついつい忘れがちな大事なことを「自分が忘れないように」書いた、備忘用の本です。そういう意味で、本書は世界で二冊目の「自分啓発本」なのです。ちなみに世界初は前著『人はなぜ物語を求めるのか』。

本書は六章立てで、第五章までは、

・ストーリーにとって実話《ノンフィクション》とはなにか？　そして虚構《フィクション》とは？

・ストーリーにおいて必然とはなにか？　そして偶然とは？

というふたつの柱のうえに書かれています。そして最終章は、そこまでの議論を踏まえて、僕が体験したこと（少年期のできごとと、それに続く自分の行動の意味を、何十年も経ってやっと自分で理解した＝ストーリー化したという体験）について書いています。

さて、本書は題こそ『物語は人生を救うのか』と称していますが、本文中に〈救〉の文字は一箇所しか出てきません。しかも引用です。

「救い」という語は非常に流動的に使われています。どうなったら救われたことになるのか、という点でまず意見が割れるし、奇跡的にそこで意見の一致を見たとしても、ある人がその状態に達しているかどうかを論じ始めると、必ず意見が割れる。そういう単語なのです。

それでも、最終章で書いたように、世界を解釈・理解するためのストーリーがあったほうが、人は幸福だったり生きやすかったりする。それは間違いないことです。

このことは割とよく知られているので、前著『人はなぜ物語を求めるのか』では逆に、生きやすさを求めて安易に世界を解釈（ストーリー化）してしまう危険のほうを、ついつい強調しがちでした。

それでも人間が生きていくうえで、ストーリーからは逃れられません。本書の最終章は、僕にとってストーリーが肯定的な役割を果たした一例を述べたものです。

「救い」の問題については、現在準備中の本で引き続き取り上げる予定です。本書が店頭に並ぶころには、ウェブでの連載が始まっているかもしれません。『文学を読んでも救われなかったあなたへ』という題で検索してみてください。

本書の本文は《webちくま》に二〇一八年五月から年末まで一五回連載した「それ、ほんとの話？　人生につける薬Ⅱ」に、他のウェブ媒体に発表したものを加えて修正しました。「補説」は「物語とストーリー、そしてコンテンツ制作者の責任」（《販促会議》二〇一九年五月号）に手を加えたものです。

前著に続き今回も鶴見智佳子さん（筑摩書房）とイラストレーターのシャルロット井上さんに感謝いたします。

二〇一九年三月、ワイキキ
千野帽子

ちくまプリマー新書

273 人はなぜ物語を求めるのか　千野帽子

人は人生に起こる様々なことに意味付けし物語として認識することなしには生きられません。それはどうしてなのか？　その仕組みは何だろうか？

053 物語の役割　小川洋子

私たちは日々受け入れられない現実を、自分の心の形に合うように転換している。誰もが作り出し、必要としている物語を、言葉で表現していくことの喜びを伝える。

106 多読術　松岡正剛

読書の楽しみを知れば、自然と多くの本が読めます。著者の読書遍歴をふりかえり日頃の読書の方法を紹介。さまざまな本を交えながら、多読のコツを伝授します。

113 中学生からの哲学「超」入門――自分の意志を持つということ　竹田青嗣

自分とは何か。なぜ宗教は生まれたのか。なぜ人を殺してはいけないのか。満たされない気持ちの正体は何なのか……。読めば聡明になる、悩みや疑問への哲学的考え方。

276 はじめての哲学的思考　苫野一徳

哲学は物事の本質を見極める、力強い思考法を生み出してきた。誰もが納得できる考えに到達するためのその思考法のエッセンスを、初学者にも理解できるよう伝える。

ちくまプリマー新書

003 死んだらどうなるの？　玄侑宗久
「あの世」はどういうところか。「魂」は本当にあるのだろうか。宗教的な観点をはじめ、科学的な見方も踏まえて、死とは何かをまっすぐに語りかけてくる一冊。

238 おとなになるってどんなこと？　吉本ばなな
勉強しなくちゃダメ？　普通って？　生きることに意味はあるの？　死ぬとどうなるの？　人生について、生まれてきた目的について吉本ばななさんからのメッセージ。

079 友だち幻想――人と人の〈つながり〉を考える　菅野仁
「みんな仲良く」という理念、「私を丸ごと受け入れてくれる人がきっといる」という幻想の中に真の親しさは得られない。人間関係を根本から見直す、実用的社会学の本。

169 「しがらみ」を科学する――高校生からの社会心理学入門　山岸俊男
社会とは、私たちの心が作り出す「しがらみ」だ。「空気」を生む社会そのものの構造を解き明かし、自由に生きる道を考える。ＫＹなんてこわくない！

222 友だちは永遠じゃない――社会学でつながりを考える　森真一
親子や友人、学校や会社など固定的な関係も「一時的協力理論」というフィルターを通すと、違った姿が見えてくる。そんな社会像やそこに見いだせる可能性を考える。

ちくまプリマー新書

ちくまプリマー新書

308
幸福とは何か
――思考実験で学ぶ倫理学入門
森村進
幸福とは何か。私たちは何のために生きているのか――誰もが一度は心をつかまれるこの問題を、たくさんの思考実験を通して考えよう。思考力を鍛える練習問題つき。

287
なぜと問うのはなぜだろう
吉田夏彦
ある/ないとはどういうことか？　人は死んだらどこへ行くのか――永遠の問いに自分の答えをみつけるための、哲学的思考法への誘い。伝説の名著、待望の復刊！

226
何のために「学ぶ」のか
――〈中学生からの大学講義〉1
外山滋比古
前田英樹
今福龍太
大事なのは知識じゃない。正解のない問いを、考え続けるための知恵である。変化の激しい時代を生きる若い人たちへ、学びの達人たちが語る、心に響くメッセージ。

227
考える方法
――〈中学生からの大学講義〉2
永井均
池内了
管啓次郎
世の中には、言葉で表現できないことや答えのない問題がたくさんある。簡単に結論に飛びつかないために、考える達人が物事を解きほぐすことの豊かさを伝える。

228
科学は未来をひらく
――〈中学生からの大学講義〉3
村上陽一郎
中村桂子
佐藤勝彦
宇宙はいつ始まったのか？　生き物はどうして生きているのか？　科学は長い間、多くの疑問に挑み続けている。第一線で活躍する著者たちが広くて深い世界に誘う。

ちくまプリマー新書

229
揺らぐ世界
――〈中学生からの大学講義〉4
立花隆
岡真理
橋爪大三郎
紛争、格差、環境問題……。世界はいまも多くの問題を抱えて揺らぐ。これらを理解するための視点は、どうすれば身につくのか。多彩な先生たちが示すヒント。

230
生き抜く力を身につける
――〈中学生からの大学講義〉5
大澤真幸
北田暁大
多木浩二
いくらでも選択肢のあるこの社会で、私たちは息苦しさを感じている。既存の枠組みを超えてきた先人達から、見取り図のない時代を生きるサバイバル技術を学ぼう！

305
学ぶということ
――続・中学生からの大学講義1
桐光学園＋
ちくまプリマー新書編集部編
受験突破だけが目標じゃない。学び、考え続ければ重い扉が開くこともある。変化の激しい時代を生きる若い人たちへ、先達が伝える、これからの学びかた・考えかた。

306
歴史の読みかた
――続・中学生からの大学講義2
桐光学園＋
ちくまプリマー新書編集部編
人類の長い歩みには、「これから」を学ぶヒントがいっぱいつまっている。その読み解きかたを先達に学び、君たち自身の手で未来をつくっていこう！

307
創造するということ
――続・中学生からの大学講義3
桐光学園＋
ちくまプリマー新書編集部編
技術やネットワークが進化した今、一人でも様々なことができるようになってきた。新しい価値観を創る力を身につけて、自由な発想で一歩を踏み出そう。

chikuma primer shinsho

ちくまプリマー新書326

物語《ものがたり》は人生《じんせい》を救《すく》うのか

二〇一九年五月十日　初版第一刷発行

著者　千野帽子（ちの・ぼうし）

装幀　クラフト・エヴィング商會

発行者　喜入冬子

発行所　株式会社筑摩書房
東京都台東区蔵前二-五-三　〒一一一-八七五五
電話番号　〇三-五六八七-二六〇一（代表）

印刷・製本　中央精版印刷株式会社

ISBN978-4-480-68351-9 C0295 Printed in Japan